青少年足球人才培养与系统性训练研究

王大利　著

北京燕山出版社

图书在版编目（CIP）数据

青少年足球人才培养与系统性训练研究 ／ 王大利著
. — 北京 ：北京燕山出版社，2021.12
ISBN 978-7-5402-6339-3

Ⅰ．①青… Ⅱ．①王… Ⅲ．①青少年－足球运动－人
才培养－研究－中国②青少年－足球运动－运动训练－研
究 Ⅳ．①G843.2

中国版本图书馆CIP数据核字（2021）第278594号

青少年足球人才培养与系统性训练研究

著者：王大利
责任编辑：邓京　温天丽
封面设计：马静静
出版发行：北京燕山出版社有限公司
社址：北京市丰台区东铁匠营街道苇子坑138号嘉城商务中心C座
邮编：100079
电话传真：86-10-65240430（总编室）
印刷：三河市德贤弘印务有限公司
成品尺寸：170mm×240mm
字数：214千字
印张：13.5
版别：2022年6月第1版
印次：2022年6月第1次印刷
ISBN：978-7-5402-6339-3
定价：78.00元

前　言

在现代社会背景下，竞技体育获得了高度化的发展，很多体育项目都走上了产业化和职业化的发展道路，足球就是其中的典型代表。世界上各个国家及地区都非常重视足球运动的发展，纷纷采取各种手段与措施培养与引进足球后备人才。与之形成鲜明对比的是，我国的足球运动发展得十分缓慢，在训练理念、训练方法、训练模式等方面都存在不少问题，尤其是在后备人才的挖掘与培养方面，与国外足球强国存在着较大的差距。目前，我国足球后备人才的培养比较乏力，面临着人才青黄不接的局面，这是中国足球发展中的一大短板。青少年足球后备人才的培养与训练关乎一个国家足球运动发展的命脉，因此构建一个健全和完善的足球后备人才培养体系是非常重要的。

本书以足球后备人才的培养与训练为视角展开具体的研究与分析，第一章主要调查与分析了青少年足球后备人才培养与训练的现状，通过足球后备人才身心发展特征与规律、后备人才培养与训练等现状的分析，更好地认清后备人才的发展情况。第二章主要阐述了青少年足球后备人才培养与训练的科学理论，涵盖运动生理学、运动心理学、体育教育学和体育人才学等多方面的理论内容，这些丰富的理论能为足球后备人才参加运动训练提供科学的理论指导。第三章主要研究了青少年足球人才培养的机制与途径，在详细对比中外青少年足球人才培养机制的基础上，研究了发展校园足球、加强俱乐部青训力量建设、推动城市足球发展等多个途径。第四章主要阐述了青少年足球人才系统训练的理念与科学指导，涉及训练理念、训练原则、训练方法、训练计划、训练效果的评价等多方面的内容。第五章至第七章主要阐述了青少年足球人才的体能训练、心理训练、智能训练和技战术训练等方面的内容，这一丰富的足球训练实践体系能为运动员提供良好的指导。第八章主要研究了青少年人才训练的保障体系，涉及医务监督、营养保障、训练保健等多方面的内容。只有在健全、科学的保障体系之下，足球人才才能获得健康的发展。

本书内容丰富、逻辑清晰，高度重视理论与实践的结合，研究特色主要体现在三个方面：第一，关于青少年足球人才的理论性研究比较前沿，具有一定的前瞻性，提出的青少年足球人才培养路径非常适合我国足球运动发展的现实；第二，本书的系统性较强，关于青少年足球人才培养与训练的研究非常严密和具有条理性；第三，关于青少年足球人才体能、心理、智能与技战术训练实践的研究，设计的训练手段与方法具有较强的针对性和合理性，能帮助运动员有效地提升自身的竞技水平。

本书在撰写的过程中参考和借鉴了大量的有关足球方面的书籍和资料，在此向有关专家及学者致以诚恳的谢意。当然，由于时间和精力有限，不足之处在所难免，恳请广大读者批评指正，以便日后加以改进和完善。

作者

2021年8月

目　录

第一章　青少年足球人才培养与训练现状

　　体育人才是促进体育事业进步的重要因素，而人才的培养是一个漫长的过程，尤其是在当今竞技活动更加激烈的背景下，人才培养的年轻化趋向几乎是必然。足球运动是我国的短板运动项目，其根本原因在于人才培养不到位，想要改善这一困境，必须采用合理的方式培养优秀的足球人才，尤其是要注重青少年足球人才的培养。本章将从青少年足球人才身心发展特征与规律、青少年足球人才培养现状、青少年足球人才训练现状三个方面，对青少年足球人才培养与训练现状进行分析与阐述。

第一节　青少年足球人才身心发展特征与规律

一、青少年足球人才的身体发展特征与规律

（一）青少年足球人才的身体发展特征

1.运动系统的发展特点

（1）骨骼的发展特点

青少年时期是人的骨骼快速生长发育的时期，这个时期的骨骼特点为：骨骼柔韧性比较大，容易弯曲变形；坚固程度比较低，易被折断。也就是说，青少年的骨骼组织中，软骨成分要多于成熟的骨骼成分，两者的比例为5：5，而成年人的骨骼组织中这两者的比例为3：7。

在生长过程中，骺软骨迅速地生长使骨伸长，并逐渐完全骨化。人体各部位骨骼完全成熟的顺序大概为：女生四肢骨骼组织完全成熟的年龄为16—17岁左右，男生为17—18岁左右；髋骨完全成熟的年龄大概在19岁之后；脊椎骨完全成熟的年龄为20—22岁左右。

（2）关节的发展特点

青少年的关节结构基本和成人没有差别，但是其关节面的软骨比较厚，关节囊比较薄，关节的韧带薄且松弛，关节周围的肌肉细长。其外在表现为，青少年的关节柔韧性和灵活性要优于成人，但是牢固性比较差，容易发生脱臼现象。

（3）肌肉的发展特点

青少年肌肉的发展特点为：肌肉中的含水量比较多，蛋白质、脂肪、无

机盐的含量比较少。外在表现为肌肉比较细嫩、收缩能力较差、耐力较差，优点是恢复速度比成人快。表1-1为不同年龄段肌肉占体重的比例以及相应的肌力。

表1-1　不同年龄阶段身体肌肉含量及肌力状况[①]

年龄	肌肉占体重的百分比（%）	握力（kg）	背力（kg）
8岁	27.2	17.5	25.2
12岁	29.4	25.2	35.0
15岁	32.6	36.4	92.0
18岁	44.2	44.1	125.0
成人	41.8	49.3	155.0

青少年不同身体部位以及不同性质的肌肉的发育时间存在差异。从性质来说，大块肌肉的发育时间早于小块肌肉，收缩肌的发育时间早于伸展肌；从部位来说，四肢部位肌肉的发育时间早于躯干部位的肌肉，上肢肌肉的发育时间又早于下肢肌肉的发育时间。此外，青少年的肌肉也不是逐年均匀发展的，发展速度比较快的时期叫作生长加速期，这个时期肌肉的纵向发展比较快，虽然比不上骨骼的发展速度，肌肉的特点是肌肉力量和肌肉耐力比较差；生长加速期结束之后，肌肉由纵向发展为主转为横向发展为主，肌肉纤维明显变粗，肌力也不断增强。一般男生肌力增长最快的年龄段为18—19岁，女生肌力增长最快的年龄段为15—17岁。

2.呼吸系统的发展特点

（1）呼吸频率与肺活量

青少年胸廓狭小，气道狭窄，因此呼吸时会受到较大的弹性阻力和气道阻力的阻碍，与此同时青少年呼吸肌的力量又比较小，因此在阻力较大、呼吸力量又较小的情况下，青少年能够呼吸的深度不大，肺活量会比较小。但是由于青少年正处在生长发育的高峰期，其身体的代谢速度比较快，需要的

---

① 康喜来，万炳军.青少年运动训练原理与方法[M].陕西：陕西师范大学出版社，2012.

供氧量比较大，所以必须要通过较快的呼吸频率来摄入足够的氧气供给身体代谢。随着年龄的增长，青少年的肺活量会逐渐增大，呼吸的频率也会逐渐放缓。

（2）肺通气量和摄氧量

受到氧气运输系统功能的限制，青少年的最大通气量和最大摄氧量的绝对值比不上成人，但是其相对值并不低于成人，有些时候甚至能够略微高于成人的水平。

3.心血管系统的发展特点

（1）血液

从含量上说，青少年体内的血液总量少于成人，但是其血液占体重的比例要高于成年人。一般新生儿体内的血液量占体重的比例为15%左右，而成年人体内的血液总量则只占体重的7%—8%。随着年龄的增长，青少年体内的血液含量占体重的比例会逐渐下降，到15岁左右会达到成人的标准。

从成分上说，新生儿血液中的红细胞、血红蛋白以及白细胞都要远远高于成年人，但是随着年龄的增大，血液中这些成分的含量会不断降低，15岁左右这些成分的含量会达到成人的水平。

（2）心血管系统的发展特点

①心脏的重量和容积

青少年的心脏重量和容积占体重的比例和成年人的比例接近，因此从绝对量上来说，青少年心脏的重量和容积都要小于成年人。随着年龄和体重的增长，青少年心脏的重量和容积的绝对量会不断扩大，到青春期的时候基本上能够达到和成人接近的水平。

②心率和心输出量

青少年的心率一般要快于成人，这是因为其心脏发育以及神经调节尚未完善，而新陈代谢又比较旺盛，交感神经占优势，所以心率会比较快。随着年龄的增长和发育的成熟，青少年的心率会逐渐降低，大概在19岁左右会达到和成人相似的水平。

青少年的心肌纤维交织比较松，弹性纤维的数量比较少，心脏的收缩能力比较弱，心脏泵血能力比较小，每搏输出量和每分输出量比成人小。

③血压

青少年的心脏收缩能力比较弱，动脉血管和毛细血管的口径要宽于成年人，外周的阻力比较小，所以青少年的血压要低于成年人。但是随着年龄的增长，青少年的心率减慢，心脏收缩能力增强，血管外周阻力较大，血压会逐渐升高。一些在青春期生长发育比较快的青少年，还有可能会出现"青春性高血压"，这是因为他们的心脏发育速度增快，血管发育处于相对落后状态，加之内分泌功能的影响，血压明显升高。

此外，大概有40%—60%的青少年身上很有可能出现心脏功能性杂音的现象，专家认为这种现象和血流的冲击、喷射、瓣膜的震动和压力的骤然变化等因素相关。这种现象的表现为，青少年在运动之后，脉搏跳动速度会快速增加，但是收缩血压上升比较少。图1-1为存在心脏功能性杂音的青少年在运动中和运动后的心率（脉搏）变化状况。

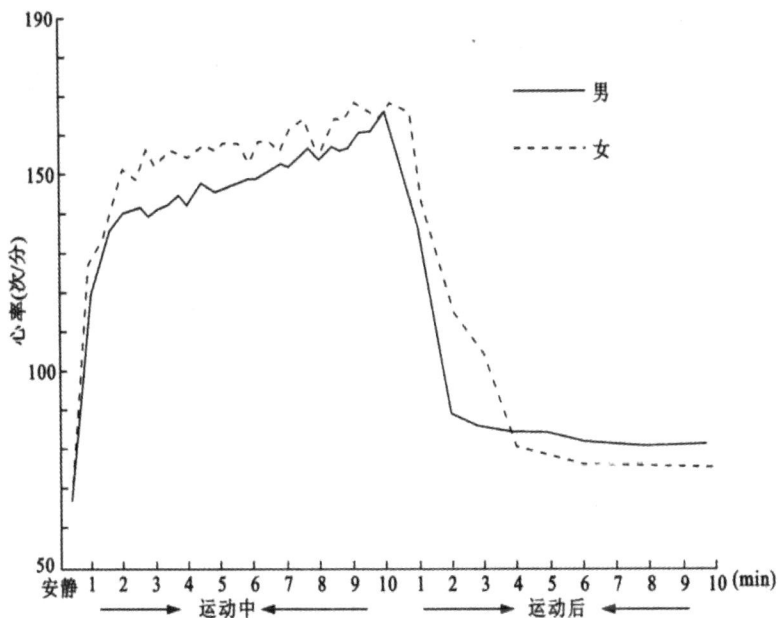

图1-1 少年运动员在跑台运动试验时心率变化[1]

---

[1] 康喜来，万炳军.青少年运动训练原理与方法[M].陕西：陕西师范大学出版社，2012.

4.中枢神经系统的发展特点

（1）神经过程兴奋和抑制的发展特点

①兴奋过程占优势

在6—13岁这个阶段，青少年神经系统的兴奋过程占据明显的优势。这个时期青少年的外在表现为，兴奋程度比较高，精力旺盛，活泼好动，学习和掌握知识的速度较快，但是同时也存在注意力集中时间比较短、多动、动作协调度和准确度较低等缺点。同时，青少年的神经元具有工作能力比较低但是合成物质所需时间较短的特点，表现在青少年身上就是工作的持续时间短但是需要的疲劳恢复时间也比较短。

随着年龄的增长，青少年神经系统兴奋过程的优势会逐渐减弱，13岁之后兴奋和抑制将会渐渐达到平衡状态。

②抑制过程不完善

抑制过程不完善也是青少年神经中枢系统的重要特点之一，其中表现最明显的是分化抑制能力比较差。青少年8岁以前，精确分化能力比较差，动作的准确程度比较低；8岁之后青少年皮质细胞的分化能力逐渐增强，接近成人的水平；13—14岁时，青少年的抑制调节功能达到一定的水平，分析能力增强，能够建立起大部分的动作反射，但是对于掌握一些比较精细复杂的动作仍然比较困难；14—16岁时，青少年的反应速度加快，分析抑制能力显著增强。

（2）两个信号系统的特点

第一信号系统是指对第一信号发生反应的大脑皮层机能系统，第一信号主要是指形象具体的信号，比如人的视觉、听觉、触觉、嗅觉等直接感受到的刺激；第二信号系统是指对第二信号发生反应的大脑皮层机能系统，第二信号主要是指比较抽象的信号，比如语言、文字等。

青少年时期主要是由第一信号系统占据主导地位，青少年能够比较迅速地对直接的刺激产生相应的、比较准确的反应，但是对于比较抽象信号的反应能力比较差。9—16岁，青少年的第二反应系统快速发展，其抽象思维能力不断增强；16—18岁，青少年第二反应系统逐渐发展完善，两个信号系统功能逐渐达到平衡状态。

5.物质代谢和能量代谢的特点

（1）物质代谢

①蛋白质代谢

青少年蛋白质代谢的特点是以蛋白质的合成过程为主，这是因为蛋白质是构成人体细胞和组织的必要物质，而青少年时期是人生长发育的重要时期，细胞和组织需要大量的蛋白质供给。生长发育越迅速的阶段，青少年所需的蛋白质就越多，相应地，蛋白质的合成任务也就越重。一般来说，人体所需蛋白质量的变化过程为：6个月左右每天每千克体重需要的蛋白质的量为2—4克，4—7岁每天每千克体重需要的蛋白质的量为4—6克，8—12岁每天每千克体重所需要的蛋白质的量为3克，12—15岁每天每千克体重所需要的蛋白质的量为2—2.5克，成年之后每天每千克体重所需要的蛋白质的量为1—1.5克。蛋白质是影响青少年生长发育的重要物质，青少年成长发育的过程中必须要保证充足的蛋白质供给，否则可能会出现发育迟缓等问题。

②脂肪代谢

脂肪是青少年生长所必需的营养素之一，其存在于细胞膜、脑及神经组织中，对促进神经系统形态的改善和功能的成熟有着重要意义。青少年对脂肪的需求量随着年龄增长而有所改变，5—6岁每天每千克体重需求量为2.5克，10—11岁每天每千克体重需求量为1.5克，16—18岁每天每千克体重需求量为1克。青少年体内如果缺乏脂肪，会对生长发育造成不利影响，但如果脂肪过多，会造成肥胖，也不利于机体生长发育，因此青少年要适量补充脂肪。

③糖代谢

糖类是人体组织的重要成分，是青少年生长发育必不可少的物质，能够为人的大脑活动和肌肉活动提供热量支持。青少年在不同的年龄阶段每天需要摄入的糖的量为：4—7岁每天19克左右，8—13岁每天24克左右，14—17岁每天30克左右。

④水盐代谢

婴儿时期人体的水分含量大概为其体重的80%，成年以后人体的水分含量下降到体重的60%，这也就意味着从青少年到成人这个阶段内，青少年每千克体重的平均需水量在下降。而人体的日需水量随着年龄的增长而增加，比如6—10岁的青少年每天的需水量为1600—2000毫升，而成年人每天的需水量大概为2200—2500毫升，这是由于体重的增加带动了人体总需水量的增加。

无机盐中，钙和磷是人骨骼组织的重要组成部分，因此对青少年的生长发育十分重要，尤其是要保证在青少年的生长加速期和性成熟期内这两者的充足供给。微量元素中，铁也是影响青少年生长发育的重要物质，缺乏铁元素可能会导致青少年患上缺铁性贫血等疾病。

（2）能量代谢

一方面，由于青少年的能量代谢速度快，代谢旺盛，青少年在能量代谢中的需求量比较大；另一方面，由于系统功能的限制，青少年在能量代谢中的能量动用会受到一定的限制。比如，青少年的糖酵解能力要弱于成年人，所以他们从事长时间、高强度的运动的能力也会弱于成年人。但是同时青少年血液中乳酸的含量要低于成年人，所以他们疲劳恢复需要的时间比较短。由青少年糖酵解能力较弱、血液中乳酸含量较低的特点，我们可以得知，在青少年训练初期，可以对其实施强度较大但是时间较短的运动训练。

（二）青少年足球人才的身体发展规律

1. 生长发育的阶段性和连续性

青少年的生长发育呈现出阶段性和连续性的特点，每个发展阶段的发展任务不同，而前一个发展阶段的完成是后一个发展阶段开启的基础。只有一环接一环地做好每一个发展阶段，才能保证整个生长发育阶段的正常进行。

图1-2为男生和女生从出生到成人的生长发育曲线。

2. 生长发育速度的不均衡性

青少年在每个年龄阶段的生长发育速度是不尽相同的，可以分为生长发育加速期和非生长发育加速期，整个青少年时期的生长发育速度呈现出波浪形的不规则变化特征。

3. 生长发育的顺序性

青少年的生长发育是具有一定的顺序性的，各身体组织和各项功能按照一定的先后顺序发展，比如人的身高先于体重发展。

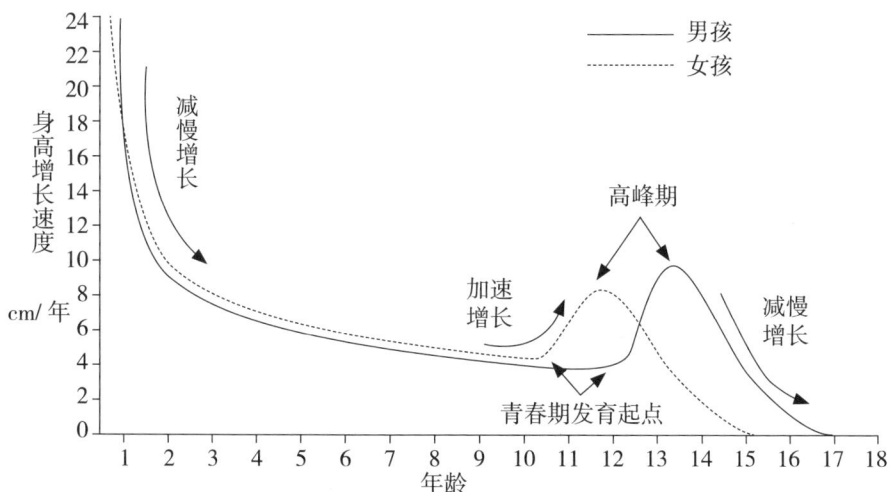

图1-2　青少年的生长发育曲线[①]

4. 生长发育的性别差异

一般来说，女孩的生长发育时间会早于男孩，女孩生长发育的开始时间会比男孩早1—2岁，生长发育的结束时间会比男孩早2—3岁。

图1-3从身高和体重两个方面展现了青少年生长发育的性别差异。

5. 青少年时期是生长发育的关键期

一般情况下，青少年会有一个正常的生长发育轨迹（如图1-4所示）。但是如果受到疾病、内分泌障碍或者营养不良等因素的影响，青少年的生长发育轨迹有可能会被打乱。幸运的情况下，青少年能够在疾病痊愈之后继续生长发育，赶上正常的发展速度（这种现象被称为"赶上生长"现象）。但是不幸的情况下，青少年有可能会由于错过器官和组织发展的关键时期，而导致永久性的缺陷或功能障碍。

---

① 田野.运动生理学高级教程[M].北京：高等教育出版社，2003.

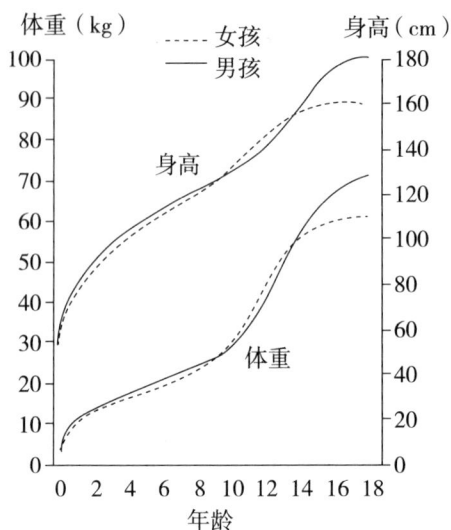

图1-3　青少年在身高和体重上生长发育的性别差异[1]

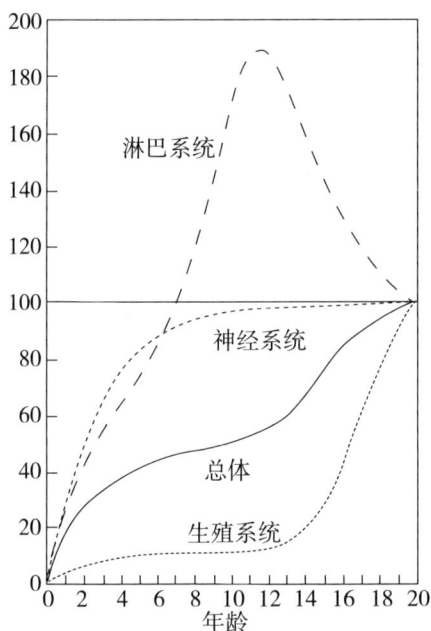

图1-4　正常情况下青少年的生长发育轨迹[2]

① 陈亚中.青少年足球科学训练探索[M].北京：北京体育大学出版社，2007.

② 田野.运动生理学高级教程[M].北京：高等教育出版社，2003.

二、青少年足球人才的心理发展特征与规律

（一）由"儿童"向"成人"过渡

青少年时期是从"儿童"向"成人"过渡的重要时期。一方面，青少年身上仍然保留儿童时期"幼稚"的特点，比如情绪变化快、自控能力差等；另一方面，青少年身上也开始出现像成人一样的"成熟"特点，比如在面对事情时希望有更多的自主和决定权，希望以比较平等的姿态和大人进行交流，厌烦大人的过度干涉等。

（二）智力高度发展

青少年的思维能力已经发展到一定的程度，能够对大部分的事情，包括比较复杂、抽象的事情进行思考和分析。同时，青少年阶段是人们的观察能力和记忆能力的巅峰时期，青少年的学习能力和对新鲜事物的接受能力都非常强。

但是由于青少年尚未发育成熟，所以其思维能力仍旧存在不足之处。比如对事物的分辨能力不强，容易被事物的表面现象所蒙蔽，不易发觉事物的本质等。应该注意在青少年的发展过程中对其进行正确的引导，以免其受到不良事物或者不良思想的影响。

（三）进入第二反抗期

人在生长发育的过程中一般会经历两个反抗期，第一个反抗期出现在3—4岁这一阶段，表现为开始学会拒绝家长，希望"我自己来"，第二个反抗期则为青少年时期。青少年时期也被称为"叛逆期"，青少年在这个阶段开始认识到父母的不足，希望摆脱父母的管教，抗拒和父母长时间相处，希望自己的事情能够由自己做主决定等。青少年时期出现的各种"叛逆"表现，也被人们称为"心理断乳"。

（四）出现性心理

青少年时期也是人们性意识觉醒的时期，这个阶段青少年的第二性征已经发育出来，青少年初步具有性意识和性冲动。青少年时期的男生、女生对异性会产生一定的向往，会对性知识产生一定的好奇，可能会出现性幻想等行为。一定要对这个时期的青少年进行正确的性引导，以防止其产生不正确的性思想和性行为。

（五）对自己的关注增多

随着认知的发展和各种意识的觉醒，青少年对自身的关注度不断提升。一方面，青少年会关注自己的外表，希望自己的衣着打扮能够跟上时尚潮流并突出自己的个性，希望能用外表吸引别人的注意；另一方面，青少年也开始关注自身的内在，进行自我评价并重视别人对自己的评价，希望能够获得别人的认可。

（六）青少年时期是理想形成的关键时期

青少年时期是树立理想的关键时期。一方面，青少年已经达到一定的成熟程度，开始对自己的人生进行思考；另一方面，青少年处于精力充沛、思维活跃、热爱挑战的精神状态中，为其树立理想做好了思想上的准备。青少年树立的理想包括学业理想、事业理想、家庭生活理想等，教师和家长应该在青少年的成长过程中做好引导工作，帮助青少年树立正确、合理的理想目标。

（七）重视榜样的作用

重视榜样的示范作用是青少年心理发展的一个重要特点，青少年会在自我发展需要的驱使之下，一方面借鉴榜样的发展经验，一方面学习榜样的品德和意志，还有可能将榜样的发展道路作为自己的前进方向。在这个过程中最重要的是，青少年需要寻找一个合适的榜样，以免在不合适的"榜样"的引导之下误入歧途。

第二节　青少年足球人才培养现状分析

一、高收费

中国足球后备人才培养目前出现的最显著的一个问题就是，足球逐渐成为一项"贵族运动"，高昂的培训学费让很多普通家庭望而却步。这对一般的家庭来说是一笔不小的开支，再加上一些家长因担忧孩子"无法成才"而不愿意"冒险"花钱，所以很多青少年丧失了接触专业足球训练的机会，我国也在无形中损失了很多足球苗子。

二、盲目性

足球运动是一项世界流行的运动，足球世界杯比赛在包括我国在内的世界上各个国家都具有很大影响力。体育市场化发展深入，许多人开始将开办足球学校、进行足球培训作为一个商机，一窝蜂地拥入市场，盲目办学。与此同时，这些学校在足球培训人员的招聘上也显示出了其不专业性，一些低水平、不具备教练经验、没有经历过就业再教育的退役运动员成为教练员。这些不专业的运动员会导致足球教学质量差，培养出来的足球学员水平低，无法成为国家的足球后备人才，这些青少年的最佳发展时机也被耽误。此外，这些培养学校的逐利本质决定其招生基本上朝"钱"看齐，只要有钱就能进行培训，从个人来说无可厚非，但是从国家人才培养上来说，招生质量没有保障，很难为国家输送高质量的人才。

三、不健康的足球文化

事物的发展离不开思想文化的指引，足球运动的发展也需要健康的足球文化的支持和引导，足球人才的培养作为促进足球运动发展的一部分亦是如此。就目前我国的足球运动发展来说，国内并没有形成健康的足球文化。在足球市场化发展的过程中，各方为了利益展开了不健康的竞争，比如一些地区为了本地区的队伍在大赛中获胜，会采用给予本队选手过于丰厚的物质奖励、收买对手、要求运动员打假球等手段，一些大赛上还会出现殴打裁判、双方球迷互殴等现象，这些行为是不健康的足球文化的外在表现。这种不健康的足球文化，让许多人对足球运动形成了不好的印象，很多家长也因此会拒绝让自己的孩子去参加专业足球训练。这种不健康的足球文化可能在无形中让许多有天赋的青少年打消了成为足球运动员的兴趣，对我国的足球后备人才培养造成了非常不利的影响。

四、学训之间长期存在矛盾

专业的体育训练和文化学习之间的矛盾，是长期以来我国运动人才培养过程中一直存在的、尚未解决的矛盾。就目前的足球培训来说，很多足球学校、足球俱乐部在将足球培训作为重中之重的同时，对学员的文化学习秉持着得过且过的态度，认为只需要将足球训练做好就万事大吉。在这种教育观点之下，很多进行足球训练的青少年都无法得到有质量的文化教育，这也导致很多家长不愿意将自己的孩子送去参加足球训练。

困扰很多家长的另一个原因是，国家取消了为退役之后的运动员安排工作的制度。一方面，青少年在不重视文化教育的足球训练中错过了最佳的文化学习时机；另一方面，运动员退役之后的保障被切断。这相当于需要家长冒更大的险，因此很多家长拒绝让自己的孩子参与足球培训。

针对体育训练和文化学习之间的矛盾，我国提出了"体教结合"的运动人才培养模式，这种模式在取得一定实施效果的同时，也依旧存在一定的问题。一方面，负责实施该培养模式的单位主要为教育单位，其工作的重点依旧会放在文化教育上，对体育培养有一定的轻视，而且无论是学校、家长还是社会，明显都更注重文化学习，这种教育现状就导致"体教结合"模式在短时间内很难得到有效实施并取得有效成果。另一方面，教育系统和体育系统之间也存在一定的矛盾，比如经费的分配、培养功劳的归属等，这些也会影响到"体教结合"模式的具体实施和培养效果的实现。

五、国家队没有起到良好的示范作用

国家队基本上代表某个国家在某项体育运动项目上的最高水平，国家队的表现会在很大程度上影响国民对该运动的印象。我国足球国家队的表现并不让人满意，一方面，在足球比赛中屡屡失利、无缘各大赛事，给人一种水平不高的印象；另一方面，用人、管理等方面出现负面新闻，让人对国足的评价降低。国家足球队频频让人失望的情况，导致很多人对我国的足球人才培养丧失信心，认为参加足球训练并没有前途，所以很多家长不愿意"冒险"送自己的孩子去参加足球训练。

六、不同主体的利益追求对人才培养的冲击

体育社会化改革之后，足球人才培养的主体除了国家，许多市场主体也参与进来，比如各类足球培训学校、足球俱乐部等。足球人才培养过程中的

不同主体，有着不同的利益追求。就国家来说，其利益追求在于培养优秀的运动员代表国家在国际赛事上获得荣誉；就足球培训学校、足球俱乐部等来说，其利益追求在于从足球培训中或者足球人才身上获得最大的利益；就运动员本身来说，其利益追求在于获得个人利益的最大化。三者的利益追求并不是总能达成一致，而不同主体之间的利益冲突将会成为足球后备人才培养的严重阻碍之一。

七、"近亲繁殖"培养模式存在弊端

目前我国最常见的足球人才培养模式为"近亲繁殖"模式。所谓"近亲繁殖"，是指由一个优秀的教练员教徒弟，然后其徒弟再收徒弟的师徒培养模式。这种"近亲繁殖"的培养模式是一种封闭的培养模式，和其他人的交流不多，一方面会导致团体内部的"遗传病"越来越明显，另一方面不利于人才培训的交流，无法促进整个国家足球人才培养的发展。

八、学校在足球人才培养上存在局限性

学校也是足球人才培养的重要阵地之一，其优势在于能够培养学生对足球运动的兴趣，在一定程度上缓解学生训练和学习上的矛盾，但是在实际操作中，学校的足球人才培养也存在一定的局限性。首先，学校的体育教师并不是专业的足球教练，在足球技术水平和训练经验上都没有保障；其次，学校体育教师的工作重点在于体育教学，能够放在课后足球训练上的时间和精力都非常有限；再者，学校在培养目标、训练大纲、年龄衔接、评估指标、输送和竞赛体制方面都尚不完善；最后，学校的训练条件、训练经费、训练场地、训练器材等，一般都难以达到专业足球训练需要的水平。

九、足球学员就业难问题打击青少年参与信心

根据数据显示，自从1994年职业联赛以来，我国优秀职业足球运动员的数量基本上控制在1000人以下，每年新吸收的人数大约在105人左右，这种现实导致很多参与足球训练的运动员最后可能根本无法成为专业的足球运动员。

很多培训单位在招收学员的时候，会利用就业承诺作为吸引学员的条件，比如承诺培养单位将会自己组队参加乙级联赛，或者承诺推荐、输送学员到全国各个甲级足球俱乐部等。但是由于我国联赛需要的足球运动员的数量有限，所以很多时候这种承诺根本无法兑现。一方面，学生会对这些培养单位产生信任危机；另一方面，只重视专业训练而忽视文化教育的培养现状导致足球训练的机会成本过高，学生不敢轻易冒险。

因此，足球学员的就业问题还是阻碍足球后备人才培养的主要问题之一，只有解决这种问题才能调动青少年参与足球训练的自信心和积极性，进而为我国提供丰富的足球后备人才。

第三节　青少年足球人才训练现状分析

一、青少年足球人才训练现状分析

（一）基础训练不扎实

基础训练不扎实问题是目前普遍存在于我国青少年足球运动员训练中的问题之一。这种现象的出现和一些教练员的急功近利、目光短视，只在意眼

前成绩，不在于运动员的长远发展有着重大的关系。

　　足球运动是一项对运动员的身体素质，尤其是耐力素质和力量素质以及运动员的技术水平要求都非常高的运动项目。但是在足球运动员的不同发展阶段，身体素质和运动技战术的优势会有不同的变化。比如在运动员年纪比较小的时候，运动员的身体素质将会成为赛场上的主要优势，身体素质更强的足球运动员往往能在比赛中获得更大的胜算；当运动员的年纪稍大一些，也就是进入到足球运动员的"黄金年龄"时，运动员的技术将会成为赛场上的主要优势，这个时候往往技术强的运动员获胜的几率更大。

　　但是我国的一些足球运动员培养单位以及足球教练，在急功近利思想的影响下，往往想在最短的培训时间内从运动员的身上获得最大的收益。他们利用运动员早期身体素质能够在赛场上占据优势的规律，将对青少年足球运动员的培训重点放在身体素质的培训上，尤其注重发展青少年足球运动员的力量素质和耐力素质。短期来看，这样的培训方式能够让青少年足球运动员在赛场上获得优势，甚至能够战胜国外的一些足球强队。但是从长远的发展来看，后期足球运动员的身体素质不再占据优势，但是由于基础没有打好，足球技术也基本定型，这些足球运动员在后期的优势几乎荡然无存。

　　反观一些欧洲足球强国对青少年足球运动员的训练，基本上是在技术定型之前对运动员进行技术上的精雕细琢，而体能训练则是在遵循运动员的身体发展以及运动技术发展规律的基础上循序渐进地开展。虽然在前期运动员的优势不是特别明显，但是因为打下了坚实的基础，运动员在后期的发展将会比较顺利，优势也会逐渐展现出来。

（二）训练科技含量低

　　随着科技的发展，越来越多的科学手段和科学工具被运用到体育训练中，科技的应用使训练更加科学、合理，训练的效率和质量也有大幅度的提高。但是就我国的青少年足球训练来说，训练过程的科技含量还处于比较低的水平，这也是导致我国青少年足球运动员运动水平比较低的原因之一。

　　想要改变我国青少年足球训练的现状，必须要积极适应现代社会的发展潮流，提高训练过程的科技含量，将科技手段和科学工具渗透到足球训练体制、训练结构、训练理论、训练方法等各个环节之中。

以运动训练负荷的制定为例，以前教练员主要是根据自己的经验、运动员的脉搏以及运动员的体表特征等来确定运动员的运动负荷，这样做有一定的合理性，但是误差难以确定，效果也没有一个科学的保障。而现在教练员可以借助各种先进的医疗检测仪器，比如血压仪、血红细胞分析仪等，对运动员的血样进行化验，然后获得科学的量化数据，并以此为依据安排运动员的训练负荷。

此外，科学技术在运动员伤病的诊断以及恢复治疗上也有非常重要的作用。在之前的运动训练中，由于没有先进的医疗设备，运动员受伤之后，往往只能根据队医或者教练的经验判断运动员的伤势状况，即使队医或者教练的经验丰富，也难免会有判断错误的情况。而一旦判断有误，运动员在没有得到合理治疗的情况下很有可能会伤势恶化，严重的情况下还可能会断送其运动生涯。而有了先进的医疗设备之后，能够对运动员的伤势做出及时的诊断，也能采取科学的恢复手段和恢复仪器帮助运动员快速恢复，能够把运动损伤造成的损失降到最低。

训练科技含量低的问题是目前困扰我国足球训练的主要问题之一，只有改变这种现状，将现代科学技术运用到青少年足球训练之中，才能提高训练的效率和质量，为我国培养更多的优质足球后备人才。

（三）选材不合理

足球运动员的科学选材在我国还是薄弱环节，目前我国足球人才的主要选拔方式为一些经验丰富的教练员根据自己的经验选择足球人才。这种方式的弊端在于，教练员的一些选材经验没有经过科学验证、选材没有定量指标，单凭主观经验进行选材一方面容易选到不合适的对象，另一方面也可能错过有天赋的人才。

现代足球运动员的选材应该在科学诊断和预测的基础上进行，通常采用多因素分析法进行最优化的选择，应该以足球运动最需要的指标作为主要参考条件，建立足球运动员选材的定量化模式，也可以进一步开发足球运动员选材的计算机指标软件，综合球员各方面身体素质、心智、心理素质进行选材。

以足球运动比较发达的英国为例，其选材有一套比较科学完整的模式。首先，英国的足球俱乐部中一般都会有一个叫作"球探"的职业，这些"球探"的任务就是在英国以及世界范围内寻找具有足球运动天赋的对象，他们会先根据这些对象在各种比赛中的表现做出一个大致的判断。其次，他们会对球探选定的对象进行一个身体素质的测试，测试的指标具有科学、定量的特点。再者，通过身体素质测试的对象将会再面临一个心理素质的测试。最后，通过身体素质和心理素质测试的人员还要再进行一个足球心智的测试，这个测试的目的是检验这些对象的"足球智商"。

无论是身体素质、心理素质还是足球智商，这些因素受到的先天影响都非常巨大，对于没有天赋的人来说，即使获得专业的后天训练也很难取得优秀的成绩。只有做好选材工作，对有天赋的人才进行专业的训练，才能将人才的天赋发挥到最大，进而培养出优秀的足球运动员。

二、对青少年足球人才训练的建议

（一）培养青少年足球人才的足球意识

足球意识能够帮助运动员更好地理解足球运动，加深其对足球运动规律和技巧的认识，是足球运动员必备的职业技能之一。足球意识的培养主要应该从以下几方面入手。

1. 目的性

目的性是指运动员应该有意识地发挥每一个技术或者战术，使自己在赛场上的一举一动都为了取胜服务。在施展技术或者战术之前，运动员应该在脑海中做好规划，有的放矢，明白自己应该做什么动作以及为什么要做这个动作。

2. 行动的预见性

现代足球运动比赛的激烈程度和复杂程度已经达到相当高的水平，一方面对手的运动水平在不断提升，另一方面赛场上的形势瞬息万变，运动员必须具备高度的行动预见能力才能在比赛中取得优势。在对青少年足球运动员进行训练时，应该训练其观察能力、判断能力和反应能力，使其能够在较短的时间内对赛场上的变化做出判断并制定应对措施，运动员应该学会在状况发生之前为自己制定几种不同的应对方案，以备不时之需。

3. 判断的准确性

只有准确的判断才是有效的判断，准确判断的能力也是足球运动员的必要能力之一。准确的判断是有效发挥技战术的前提，为了使有目的性、有预见性的行动做到准确无误，就必须善于通观全局、扩大视野、眼观六路，加强对临场彼我双方情况的观察与判断。

4. 行动的灵活性

足球比赛瞬息万变，场上情况复杂，为了取得比赛的胜利，无论攻守都应力求灵活善变，运动员必须善于根据主客观情况的发展变化，灵活地运用和变换攻守的个人行动。

（二）提升青少年对现代足球训练的认知

青少年足球运动员对足球运动训练的认知水平是影响足球训练效率和质量的重要因素，想要取得理想的训练效果，为国家培养优秀的足球人才，必须要引导青少年足球运动员建立正确的足球训练认知。

在足球训练中，首先要进行足球思维训练，培养运动员在激烈的足球比赛中进行观察、判断以及决策的能力。对足球运动员进行思维训练可以采用局部抗干扰对抗训练的方式。例如，限定触球次数、用接应人、着不同颜色号码衣、运用标志物设定方格、在方格中进行对抗等，这些练习包含了足球比赛的要素，教练员便于控制，可以培养队员的位置感和随机应变的能力。

其次，足球训练应该讲究效率，只有在平时的训练中对运动员严格要求，提高运动员完成动作和技术的频率和质量，才能使运动员在真正的比赛中保持稳定的心态，获得稳定的发挥。

应该培养青少年对足球训练的正确认知，使其了解足球训练的任务、足球训练的内容、足球训练的方式、足球训练的特点等各个方面，帮助其更好地抓住足球运动训练的规律和技巧，取得理想的训练结果。

（三）重视热身运动

热身运动是运动训练中必不可少的一个环节，它能够帮助唤醒运动员的身体，使各组织和各器官都进入运动准备状态，对于提升运动训练的效果，降低运动损伤的风险都有十分重要的意义。一般来说，热身运动应该包含以下三个步骤的内容。

1. 第一步骤

进行第一个步骤的热身运动的目的是将运动员的全身从安静的状态唤醒，提高运动员的体温以及心率，做好运动准备。该步骤的运动项目通常是慢跑，慢跑具有运动强度低、运动量小的特点，非常适合作为热身运动。一般持续慢跑2—3分钟即可。

2. 第二步骤

第二步骤的热身运动的目的是活动身体各个部位的关节和肌肉，重点锻炼部位为脊骨、臀部和双腿。该步骤中进行的伸展运动应该是动力性的伸展运动，其优势在于能够提高肌肉的活性，增强肌肉的收缩能力，能够有效锻炼到肌肉和关节，进而防止产生运动性损伤。第二步骤中的动力性伸展运动可以是一些跑动或者跳跃运动，一般练习时间在10—15分钟。

3. 第三步骤

第三步骤热身活动的目的是使运动员以较快的速度进入运动状态。在这个步骤中可以实施一些趣味性比较强的热身活动，比如结合足球的一些运动游戏等，一方面有助于激发运动员的训练兴趣，从心理上做好训练准备；另一方面还可以在热身的同时锻炼运动员的动作和技术。

第二章　青少年足球人才培养与训练的科学理论基础

青少年足球人才的培养与训练是我国竞技体育发展中一个非常重要的环节，足球作为集体竞技球类运动的重要构成，是世界竞技体育发展最为强劲的运动项目，也是我国体育发展非常看重和亟待突破的一项运动。在后备人才的培养方面，我们需要从科学理论的基础上抓起，本章将从运动生理学理论、运动心理学理论、体育教育学理论以及体育人才学理论几个方面展开论述，以期能在青少年的足球人才培养方面提供扎实、有效的理论依据。

第一节　运动生理学理论

一、运动生理学的概念

运动生理学作为生理学的一门应用分支学科，研究人体在参加体育运动中的各种功能活动的发展变化。具体来说，是研究人体在单次运动或者反复运动中身体的各种功能所产生的反应以及适应性变化，并且用于对运动实践的指导。

二、肌肉与运动

（一）肌肉的组成及功能

人体的肌肉主要分为骨骼肌、平滑肌和心肌三大类。其中，骨骼肌的数量约占体重的40%—45%，是实现躯体运动的主要组织，运动生理学研究的肌肉主要是指骨骼肌。肌肉活动是通过收缩和舒张来实现的，包括各式各样的运动和维持各种姿势等。

（二）肌肉收缩与舒张的原理

1.肌肉收缩的肌丝滑行理论

肌丝滑行理论是指肌肉的缩短或伸长是由于肌小节中粗肌丝和细肌丝相

互滑行完成，而肌丝本身结构和长度不变。

2.肌肉兴奋收缩和舒张的过程

肌肉的收缩是由细肌丝和粗肌丝的相互滑行实现，由横桥运动产生带动，而在完整的机体中，肌肉的收缩是由运动神经传来的兴奋信息引起，即冲动经神经肌肉接头传递至肌膜，再触发横桥运动，产生肌肉收缩，收缩后再舒张然后进行下一次收缩。简而言之，肌肉收缩和舒张的全过程由这几个环节构成：兴奋—收缩偶联、横桥运动、引起肌丝滑行、收缩的肌肉舒张。

（三）肌肉的力量

1.静力性力量和动力性力量

肌肉力量一般可分为静力性力量和动力性力量。静力性力量指肌肉等长收缩时的力量，能让身体保持某一姿势但不产生明显的位移运动。动力性力量是肌肉向心或离心收缩时所产生的力量，是人体或动作明显产生位移的动力。动力性力量又分为重量性力量和速度性力量。重量性力量的大小主要用肌肉工作时所推动的器械的重量来计算，例如，举重运动使用的力量就是典型的重量性力量。速度性力量的大小是由加速度来评定，此时认为器械的重量恒定，例如，田径运动中的投掷、跳跃，足球运动中的顶球、踢球等属于此类。

2.绝对力量和相对力量

另外，有时也把肌肉力量分为绝对力量和相对力量。绝对力量指机体克服阻力时使用的最大肌肉力量。相对力量是指单位体重、去脂体重、休表面积、肌肉横断面积表示的最大肌肉力量。

3.最大力量、爆发力和耐力

肌肉的力量按照其表现形式还可分为最大肌肉力量、爆发力和力量耐力三种基本形式。最大肌肉力量以肌肉所克服的最大负荷阻力表示。爆发力是短时快速发挥的力量，以力与发力速度的乘积表示。力量耐力指肌肉长时间对抗阻力的能力，以持续时间或重复次数表示。

三、呼吸与运动

人体在新陈代谢过程中不断地从外界环境摄取氧气然后排出二氧化碳，这种机体与外界环境之间的气体交换过程称为呼吸。呼吸的全过程分为外呼吸、气体运输和内呼吸三个环节。外呼吸是指外界环境与血液在肺部实现的气体交换，它包括肺通气和肺换气；气体运输是指肺换气后，血液载氧通过血液循环将氧运送到组织细胞，同时把组织代谢产生的二氧化碳运送到肺部的过程；内呼吸是指人体组织毛细血管中的血液与组织和细胞之间的气体交换，也称为组织换气。

（一）肺通气

肺通气是指肺与外界环境之间的气体交换过程。

1. 肺通气的动力

呼吸肌的收缩和舒张引起胸廓节律性地扩大与缩小称为呼吸运动，它是实现肺通气的原动力。肌肉收缩与舒张带动胸廓的扩大和回位。从而引起肺内压与大气压之间的压力差，推动气体进出肺部，再具体一点其实就是肺泡与外界环境之间的压力差实现了肺通气。

（1）肺内压

肺泡内的压力称为肺内压。人体平静时的呼吸是由吸气肌的收缩来实现的，属于主动过程。当吸气时，胸廓扩大，肺内压下降，当下降至低于大气压时外界气体顺压力差进入肺泡。在平静呼吸时，呼气运动并不是由呼气肌收缩引起，是胸廓和肺依靠弹性回缩使肺容积缩小，肺内压升高至大于大气压时，肺内的气体由于压力差被排出肺部。在用力呼吸时，呼气和吸气都是主动的。

（2）弹性阻力

呼吸器官的弹性阻力来自胸廓和肺，其阻力的大小可用顺应性来衡量。顺应性用容积变化与压力变化的值来表示。正常情况下，肺部的结构顺应性因肺的总容积不同而不同，总容积越小，顺应性也越小。少年儿童的肺容积较成人小，运动时呼吸肌比成人易疲劳。比如，青少年足球运动员在训练时，若想增加相同体积的气体，其肺扩张的比例比成人要大，肺的弹性回缩力也大，更容易疲劳。

（3）非弹性阻力

肺通气的非弹性阻力包括惯性阻力、组织的黏滞阻力和气道阻力。气道阻力来自气体流经呼吸道时气体分子之间和气体分子与气道壁之间的摩擦，是非弹性阻力的主要成分，占80%—90%。

（二）肺换气

肺泡与肺泡毛细血管之间的气体交换称为肺换气。体内毛细血管与组织液之间的气体交换称为组织换气。气体交换过程都遵循着一定的物理和化学规律，氧和二氧化碳都是通过物理溶解和化学结合的方式来完成气体交换的。

四、能量代谢与运动

新陈代谢是生命活动的基本，它包括物质代谢和能量代谢。物质代谢指机体从外界环境中吸收各种营养物质，用来更新机体的组成或转化为能源物质储存，同时机体将代谢产物排出体外，这一过程需要消耗能源物质，伴随着能量的释放、转移和利用的这一过程称为能量代谢。

（一）能量的代谢途径

人体的生命活动伴随着能量的代谢，这些能量源于食物，它们被人体吸收转为糖类、蛋白质和脂肪储存于体内，这些物质被称为能源物质。能源物质在分解释放能量时，有一部分以热能的形式散发，用来维持体温，另一部分转移至细胞中三磷酸腺苷（ATP）的分子结构中，三磷酸腺苷是机体各器官、组织和细胞能利用的直接能源。但是人体细胞中三磷酸腺苷的含量是极有限的，它必须一边分解一边合成，才能持续保证生命活动所需的能量供应。

人体消耗的总能量主要用于基础代谢率、食物的生热效应和运动的生热效应三个方面。三磷酸腺苷的合成与分解是体内能量流转的关键环节。三磷酸腺苷分子的高能磷酸键断裂，并释放能量，用于机体各种活动所需，不过，除了用于骨骼肌运动之外，三磷酸腺苷释放的能量最终都转化为热能。

（二）能量代谢的测定原理

热力学第一定律指出，能量在各种形式的转化过程中，既不增加也不减少。机体的能量代谢也遵循这一规律，无论是热能、化学能还是用于机械做工，能量总和不变。由于在静息状态下，能源物质所释放的能量最终都转化成热能，所以测定单位时间内机体产生的热量就可以测算出机体的能量代谢。对于运动时总能耗的测定，除了测量机体散发热量的同时，还要测量机体对外做功所折算的热量，两者之和就是单位时间的能量代谢。

五、血液的循环与运动

血液在心血管系统中按一定方向周而复始地流动称为血液循环。血液循环的主要功能是为身体各器官组织供应氧和营养物质，同时将代谢产物运送到相应的器官并排出体外。另外，内分泌腺体分泌的激素也由血液送达靶器官进而发挥调节作用。除此之外，血液还发挥着维持人体内环境的稳态和免疫功能的作用。因此，可以说血液循环系统是人体生命活动的基础。随着运动活动的进行，代谢活动发生相应的变动以适应人体所需，此时血液循环也随之做出适时、适度的调整来响应运动的要求。如果人体长期参加规律的、科学的运动训练或健身运动，血液循环系统无论从功能上还是结构上都会产生一系列的良好适应，人体健康水平也得到提高。

心脏是血液循环的动力器官，它的作用就是通过心室肌的收缩和舒张，将血液泵进动脉和抽吸回心房。心房和心室不间断地、有序地收缩与舒张是实现心室泵血的前提和基础。

心室每次搏动泵出的血量称为每搏输出量。健康成人静息状态的每搏输出量为70毫升左右。但即使同样是静息状态，身体的姿势不同每搏出量也不同。一般情况下，卧位的每搏输出量要多于坐位，因为卧位时身体是水平位，全身的血流基本上与心脏处于同一平面，因此少受重力的影响而有利于血液回心。

六、内分泌与运动

内分泌系统是由内分泌腺以及分散于组织器官中的内分泌细胞组成，内分泌系统更像是一个体内的信息传递系统，与神经系统相互配合共同调节机体的活动，以及维持内环境的稳定。内分泌与外分泌的最大不同之处在于内分泌没有导管，分泌物直接进入组织液或血液。由内分泌系统分泌的具有高活性的有机物质称为激素。激素进入血液后再经由血液循环运送到全身各处，对组织或细胞发挥兴奋或者抑制作用。

体内主要的内分泌腺有脑垂体、甲状腺、甲状旁腺、肾上腺、胰岛、性腺、松果体和胸腺等。

激素主要可分为含氮类激素、类固醇类激素和脂质衍生物类激素三大类。激素可对机体的生理作用发挥加强或减弱的作用。比如调节三大营养物质及水和盐的代谢、促进细胞分裂和分化、调控机体生长发育和成熟衰老过程、影响神经系统的发育和活动、促进生殖系统的发育和成熟、影响生殖过程、调节机体的造血过程、与神经系统密切配合、增强机体对伤害性刺激和环境激变的耐受力和适应力、参与机体的应激反应。

七、神经系统与运动

神经系统对人体活动与运动的调节是通过大脑皮层、脑干与脊髓三级调控系统，以及大脑基底核、小脑的协调工作共同实现的。神经系统分为中枢神经系统与周围神经系统两部分，主要由神经元构成。神经元之间通过突触进行神经联系，反射是神经系统活动的基本方式。

神经系统工作机制十分复杂，不同的运动类型，调控方法也不同。生理学通常把人类和高等动物全身或局部的肌肉活动称为躯体运动，又依据运动时主观意识的参与程度将躯体运动分为以下三类。

（1）反射性运动。主要是指不受主观意识控制、运动形式固定、反应快捷的一类运动，如外部刺激引起的肢体快速回缩反射、肌腱反射和眼球注视等反射性运动。

（2）形式化运动（节律性运动）。指主观意识只控制运动的起始与终止，而运动过程大多自动完成。这一类运动其形式比较固定且运动具有节律性与连续性，比如步行、跑步、咀嚼、呼吸等。

（3）意向性运动。是指具有明确的目的性，完全由主观意识支配运动全程，这类运动的运动形式较复杂。比如，跳高运动，运动员需要决定方向、选择高度、运动的轨迹，以及跑动的速度和节奏。

第二节　运动心理学理论

一、运动心理学概述

运动心理学作为心理学的分支学科，是研究人体在体育运动中的相关心理活动及其规律的科学。简单可概括为如下几方面。

（1）人在运动中的心理特征与规律，以及个性差异与运动的关系。

（2）运动对人的心理过程和个性产生短期和长期的影响。

（3）掌握运动知识、技能以及训练的心理学规律。

（4）竞赛中人的心理状态及调节。

美国学者考克斯针对运动心理学给出了一个简洁的定义：运动心理学研究的是心理和情绪因素对运动和锻炼表现的影响，以及参加运动所产生的心理和情绪效益。

二、个体心理与运动表现

（一）运动动机及分类

动机是推动人进行活动的心理动因或内部动力。运动动机被定义为推动人们参与体育运动的内部动力，是一种内部心理过程，行为是这一内在过程的外在表现。运动动机的产生有两个必要条件：需要和诱因。

需要是因缺乏而引起的内部的不舒服感。当需要没有获得满足时，人的内在平衡便会遭到破坏，在生理或心理上都会有不适感。强身健体、情绪宣泄、获得认同等都可以是参加运动的需要；诱因是激发参加运动的外部因素，这种因素可能是生物性因素也可能是社会性因素。如高额奖金、舒适的运动环境和设备等都可以是人们进行运动的外部因素。运动动机常常需要在和诱因的共同作用下产生和进行，其中内因为主导，外因为辅助。

1. 运动动机的分类

（1）直接动机和间接动机

根据需要的特点可以分为直接动机和间接动机。直接动机以兴趣为基础，指向活动过程。间接动机以间接兴趣为基础，指向活动结果。一般来说，运动员都同时受到直接动机和间接动机的驱使。相比较之下，直接动机对行为的推动作用更为有效。当运动的难度加大或者需要特别努力时，直接动机就遇到阻碍，需要和间接动机相结合，将过程、目的和意义整合在一起。

（2）外部动机和内部动机

根据来源的不同，可将动机分为外部动机和内部动机。外部动机是指来源于外部原因的动机，如为了获得公众的赞誉而努力训练。内部动机以满足自尊心和自我实现等心理需要为主，如渴望从运动中获得身体上的快感、刺激。相比较而言，内部动机的动力更强，维持时间较长。但内部动机的不足是它更多地指向运动过程而非结果，如果只注重培养运动员的内部动机，那么运动员可能会缺少野心和竞争意识。外部动机对运动员的推动力相对较小，作用时间也较短。以外部动机主导时如果挑战目标失败了，那么会容易泄气，产生懈怠心理。因此，在青少年的培养中要注重内部动机和外部动机一起发展，从而产生更好的效果。

（二）运动动机与运动表现

1. 归因理论

归因广泛存在于社会生活的方方面面，是个体随时随地都会发生的一种心理活动。韦纳对归因理论的解释最为简练易懂，他指出个体在遇到事情时通常会做出一定的归因，比如能力、努力、运气和任务难度。这四种归因又可分为三个维度：控制点、稳定性和可控性。

正确的归因可以激励个体，错误的归因会阻碍个体采取积极的行动。目前，有关归因理论的研究结果并不一致，但是采取恰当合理的归因可以有效地指导运动员特别是青少年运动员的训练和比赛，进行积极应对。有计划的归因训练可以改变运动员认识成绩的方式，也可以改变运动员的实际表现。在培养青少年足球人才的过程中，要对心理培养和建设给予充分的重视，特别是动机培养、归因练习，这些都是球员训练的重要组成部分，与体能训练、技战术训练等同等重要。

2. 自我效能

自我效能理论是指一个人对自己能否成功地完成一项任务所持有的信心和期望，或是对自己能够成功完成一项任务所具备的潜能的认识。自我效能又称为"自我效能感""自我信念""自我效能期望"等。影响自我效能的有四种信息：成功经验、替代经验、言语说服和情绪唤醒。

三、运动团体与运动表现

（一）团体凝聚力的概念

1.团体及团体凝聚力

社会心理学家将团体界定为由两个或两个以上的个体组成、彼此互动或相互影响的组合。卡伦等人将运动队界定为由两个或以上的个体组成的团体，其成员具有共同身份、共同目标、共同命运，成员使用结构化的模式交流及互动，成员之间相互依存、相互吸引，以一个整体的形式存在。

团体凝聚力或团队凝聚力反映的是团体倾向于聚集在一起、追求某一共同目标的动态过程。这一定义体现了凝聚力的动态性、工具性及情感性。凝聚力是团体生活中的重要因素。

2.团体凝聚力的心理结构

团体凝聚力是一个多维结构，包括任务凝聚力和社会凝聚力。任务凝聚力指队员团结一致为实现某一特殊的或者可识别的目标做出努力的程度。社会凝聚力是指团体成员相互欣赏，愿意成为团体一员的程度。对运动团队而言，任务凝聚力与队员团结一致为了实现同一目标相关联。比如球队为了赢得比赛每个队员相互配合、相互支持，最大限度地发挥自己的位置职责，给队友创造最佳机会等，都是为了一个共同的目标。而社会凝聚力则与队员之间的相互欣赏、相互认同和吸引有关。值得注意的是，任务凝聚力并不等于社会凝聚力。球员之间也许有较低的社会凝聚力，但是这并不妨碍他们有极高的任务凝聚力。

3.团体凝聚力的效果

个体及团体效果都包括行为效果、绝对及相对表现效应。个体效果还包括满意度。运动队或运动员个人的输或赢，是团体及个体绝对运动表现效应的衡量指标。将一支运动队或运动员本人目前的表现与先前表现相比较，则衡量了团体及个体的相对运动表现效应。比如，一名球员也许"输掉"了一场比赛，他的绝对运动表现效应失利，但获得了参赛以来的最好成绩，就是相对运动表现效应的提高。另外，团体凝聚力会影响个体对团队其他成员及团队的满意度。

（二）团体凝聚力与运动表现

团体凝聚力与运动表现间互相影响。凝聚力会影响运动表现，反过来运动表现也会影响凝聚力。有学者曾做过大量的研究，结果发现凝聚力与运动表现之间存在着正向关系。比如，高水平的凝聚力将导致更多的努力，进而提升运动表现，反过来又会促进团队的凝聚力，呈现出循环关系。

（三）促进团体凝聚力的途径

一个运动团队一般包括教练、体能教练、领队、运动员、心理咨询人员等，不同的角色承担着一定的影响能力和影响途径，如果要提升团队的凝聚力需要通过协同努力。

1. 教练要创造有效沟通的环境

研究发现，团队成员的有效沟通与凝聚力提升呈现循环关系，即沟通的增加可以提升团队的凝聚力，凝聚力提升了又会促进成员之间更多、更有效的沟通，循环往复。因此，教练或者团队领导者有责任营造一个有效沟通的环境，促进运动员之间能够在一个轻松、和谐的氛围中进行自由表达，抒发自己的思想和情感，并且能够得到认真的回应或对待。一个团队领导者应注意打造开放式的沟通渠道和环境，促进提升凝聚力，凝聚力的提升又会鼓励团队成员间更加开放地沟通和交流。鼓励每个队员能够真诚地表达自己的正面或者负面的情绪，秉持着开放和建设性的原则，使团队彼此之间具有深度的了解、更少的误解，这些都是积极建设团队凝聚力的有效途径。

2. 明晰个体在团队中的角色

如果每个运动员都能清晰地知道自己在团队中的角色，将有助于提升团队的凝聚力。这首先需要教练清楚地解释每个成员的角色，以及每个角色对团队成功的重要性。每位队员在明确了自己的角色认知之后，对个人目标和团队目标有了整体把握，那么对接下来的努力具有非常重要的指导意义。并且，一个具有高凝聚力的团队，每个成员的努力都会潜移默化地带动其他成员也投入和付出等量的努力。

3.设定具有挑战性的团队目标

具有挑战性的目标对个体和团体都有正向激励的作用。这里要强调的是，设定目标是对一个努力过程的预期，不仅仅指向结果。也就是说目标要关注过程和表现，而非仅仅局限于最终结果。比如，假设团队达成目标，那么团队会因为每个人的努力、表现和结果而受到鼓舞，也为自己的成就感到荣耀，提升团队凝聚力。假设团队没能达成目标，可是每个人付出的努力以及更好的表现同样也是对目标的回应和实现，也具有意义，是阶段性的进步，是为达到目标的一次有效努力。

4.提升成员对团体的认同感

打造团队的独特性有助于提升团体认同感，进而提升团体凝聚力。因此，教练员可以留意挖掘团队的独特性，并通过一些手段或者仪式展示，提升成员对团体的认同感，进而提升团体凝聚力。

第三节　体育教育学理论

一、体育教育概述

体育教育作为教育的重要构成，其产生与发展都受到教育的影响。体育教育还是教育和体育相结合的产物，是在教育的基本理论指导下的体育实践活动。因此，在理解体育教育之前，有必要先对"教育"和"体育"进行准确的理解。

（一）"教育"的概念

综合中外关于教育这一概念的产生、发展以及定义，可以概括为教育是指通过一定的手段和方法，有意识、有目的、有计划地使学生身心获得全面、积极、有效的发展，并促进个体社会化和社会个性化的实践活动。因此，教育是要经过精心设计和组织的，而并非随意进行的。教育的使命之一，就是要对人类社会的发展产生积极影响，既要满足人类自身发展的需要，同时也有利于促进社会的进步。

（二）"体育"的概念

体育作为一种社会活动存在已久。发展至今，许多国家对体育目的的基本认识都趋向于发展人的身心健康。此外，顾名思义"体育"的含义就是一种对身体发展有益的途径，具有一定的教育性。但如果从社会发展的角度看体育还应该是一种积极有效的社会行为，它不仅能提高国民的身体素质，也是推动社会进步和发展的重要因素，对促进和协调社会政治、经济、文化等的发展具有不可或缺的作用。因此，体育即具有教育性又有社会性，是一种以身体性练习为基本形式，以提高人们身心健康、发展运动能力、提高生活质量、促进社会发展为目的的社会现象。

（三）"体育教育"的概念

"体育教育"概念的出现仅有几十年的时间，人们对体育教育的认识和定义也受到时代发展变化的影响。关于体育教育的概念可以概括为，是以传授体育知识和技能为基础，以发展身体素质为任务，以身体活动为形式，以培养道德品格为目的的一种有计划、有组织的体育活动。

二、终身体育的思想

（一）终身体育思想的由来

终身体育思想脱胎于终身教育的理念，作为一种教育思想，其最早萌芽于古希腊教育家和哲学家柏拉图关于哲学的教育思想，终身教育的广泛影响开始于文艺复兴时期，它不仅打破了传统的学校教育思想体系，并且对终身教育思想的确立具有标志性的意义。终身教育主张一个人在一生中都应该持续学习和受教育，并非仅仅局限于儿童或者青少年时期，学习是没有止境的，应该是伴随人一生的一项基本活动。终身体育思想的提出与其他教育思想的状况一样，都受到了社会、教育等几个方面因素的影响。首先，现代科技发展迅猛，从而带动人们的生活方式、生产方式都发生了巨大的变革，机械化、电子化以及人工智能的发展，让人们的体力得到前所未有的解放，但是身体活动的减少也带来了一系列的弊端，比如亚健康和富贵病的出现成为现代人生活中新的困扰。因此，坚持体育运动成为改善身体健康和生活质量的重要手段。其次，随着人们文化素养的提高，健康意识也在不断地提升，人们追求健康以及健康的体态、健康的生活方式。因此，人们希望获得科学、合理、可持续进行的运动技能以及相关的体育知识，故终身体育将成为一种普遍的生活方式。

（二）终身体育思想的含义

终身体育思想是现代教育思想对体育教育的影响和新的要求，它主张的是将体育活动贯穿人的一生，并且是有意识、有目的、有计划地进行的。它的基本含义有两方面内容。

（1）人的一生要不断地学习，持续地进行体育锻炼，使体育运动成为基本的生活方式和生活内容。

（2）体育运动应该朝着系统化的方向发展，使学前体育、家庭体育、学校体育、社会体育等都相互关联，而不是相互割裂。给人们提供无论在哪个生活阶段、生活领域都有机会和条件进行正常的、有质量的体育运动或活动，从而保证体育教育的连续性、完整性和系统性，使终身体育成为可能。

三、快乐体育的思想

（一）快乐体育思想的含义

快乐体育思想，是以情感教育理论和终身体育思想为理论依据发展而来的，它认为情感是知识向智力转化的动力，也是人格发展的重要途径。快乐体育思想主张的是体育教育要从心理和情感层面入手，充分激活青少年的积极主动的学习欲望和热情，充分激活自我教育和主动运动的各种内部因素，快乐教育是全面启动青少年资质、活力、情感的一种教育方式，让青少年充分体验到体育运动的价值和意义。快乐体育强调将快乐的学习气氛和个人情绪贯穿于整个活动之中，让青少年品尝到体育运动的乐趣，从而培养他们的运动习惯，并形成积极、乐观向上的生活态度。它可以简单地概括为以下两个方面的内容。

（1）通过对运动技能的学习和掌握从而获得一种成功的快乐感受，这是一种非常重要的心理体验。

（2）在学习过程中保持愉悦的学习氛围非常重要，即寓教于乐，让体育运动成为以快乐体验为主要体验的一种活动。

（二）快乐体育思想的局限

快乐体育思想是以因材施教为基本原则的一种教育思想，是以运动员为主体、以运动员的资质条件为根本而制订训练计划和选择训练手段的教育思想。它能有效地调动起青少年运动员的主动性和投入感，增强他们的创新能力和自我教育的意识，可以说，快乐体育以研究学生的情感需要、快乐需要为基本出发点，也是导向终身体育的最佳途径。该教育思想从情感教学入手，以激发内在动力为主要任务，追求的是让青少年在运动中能尽量充分地体验成功和快乐。

同时，快乐体育思想也有它的局限性。由于快乐体育思想是一种强调体育心理教育的思想，以追求积极情感体验为主，因此其教学效果比较难以用客观数据来评价，由此带来的弊端就是难以把握尺度和分寸，在某种程度上制约和影响着对训练的评估和考核。同时也导致对训练结果的轻视，导致在教学过程中会过多地注重课堂气氛这种表面的快乐，而难以把握那种经过克服困难而获得成功的深层快乐体验。对于培养青少年足球人才来讲，快乐足球是一个很好的教育理念，但是在具体的实践过程中，还需要教练把握好分寸和训练方式，让快乐和技能提高有机地结合起来，单纯的快乐或者单纯的追求技能都不是目的。

第四节　体育人才学理论

一、人才的一般性定义

（一）人才的基本含义

在不同的领域学科对人才有不同的定义。通常来讲，人才是指具有良好的素质，能够在一定条件下不断地取得创造性劳动成果，对人类社会的发展产生较大影响的人。

（二）人才的社会性与时代性

人才本身是在社会语境下产生的，而社会性又具有时代性，具备一定的历史性。即人才是生活在特定的时代，他们的行为方式和思维方式都受到一定的社会因素制约。人才的贡献具有社会性和历史性，不同的社会产生不同的人才，人才属于时代，而时代的前进正是在一批批人才的贡献、持续不断的推动下才得以开展。"不知秦汉，何论魏晋"，因此，真正的人才一定是紧随时代发展的人，而那种完全脱离时代，幻想凭借天资与才华获得成就的人，很难真的有所作为。

二、体育人才的概念

体育人才的定义同样具有社会性和时代性，但是其基本含义是指对人类的体育事业发展做出过突出贡献的所有体育领域的从业者，包括运动员、教练员、研究人员等。下面将从体育人才的基本属性出发进一步理解体育人才的概念。

（一）体育人才的竞争性

优胜劣汰是体育竞赛的规则，也是推动体育事业发展的重要力量。因此竞争是体育人才固有的属性。竞争是体育的灵魂，体育的生命就表现在激烈的对抗性之中。每一场体育比赛都是非输既赢的较量，体育比赛的特点决定了体育人才的特点。对于体育人才来说，竞争性是他们的标志性特点。体育人才都具有强烈的竞争意识和竞争精神，一个没有竞争意识的人很难成为体育人才。

（二）体育人才的创造性

发明与创新是人才的另一个重要属性，创造能力是优秀人才的根本属性，体育人才也不例外。体育人才在继承传统知识的基础上，通过不断探索与研究发展新的理论和新的技能，不断推陈出新、挑战新的技能是体育人才创造性的体现。几千年来，正是在人类不断发展、不断创新的前提下，才有了今天的竞技体育技艺高超、精彩绝伦的水平，人类从为了生存而产生的体育活动到运动技艺的不断突破，运动水平的不断翻新，无不是体育人才发明与创新的结果。竞技体育发展至今，对体育人才提出的要求也越来越高。高超的创新能力是建立在体育知识水平和能力水平的积累之上的，知识水平越高、能力越强，越能发挥出一定的创造力，因此，为了保证体育人才的不断发展，抓紧基础教育不容忽视。

三、体育人才的分类

对体育人才的分类与结构的研究，可以深化我们对体育人才的认识，有利于调整人才结构、提高人才培养速度以及发挥人才效益，为今后的人才培养做好准备。

（一）竞技体育人才

竞技体育人才指在竞技体育领域内专门从事运动训练和参加体育竞技比赛的人才。体育竞技人才主要是各级的专业运动队，专业或者业余体育学校训练队的运动员以及裁判员，也包括大、中院校内体育训练队的运动员。他们都是我国体育事业的重要人才队伍。竞技体育人才包括裁判员、运动员（职业运动员和业余运动员）、教练员（临场指挥员）。

1.裁判员

裁判员在体育比赛中根据体育运动的竞赛规则，一方面起到保证比赛的公平进行，另一方面肩负着监督运动员在身心健康的情况下，积极参加比赛、努力发挥应有的运动水平的责任。同时，裁判员对运动员的道德品质、思想作风起着一定的教育作用。随着竞技运动的不断发展，各项运动的规则更新加快，这就要求裁判员必须不断掌握新规则和运动项目的发展规律，不断进行自我的知识和技能更新，树立终身学习的观念，以适应现代体育发展的需要。

2. 运动员

运动员是我国社会建设事业中的一个特殊群体，在竞技体育中处于核心地位。他们通过长期、执着的艰苦训练，最终在赛场上奋力拼搏，以优异的运动技能、身体素质和创造骄人的运动成绩，获得最终胜利，为国家争得荣誉，同时以竞技水平的提高来不断推动体育事业的发展。

3. 教练员

教练员是运动员的最直接指导者，也是集体项目的指挥者和策划者。教练员决定了运动员的训练水平。教练员是发展竞技体育运动的主导力量，他们依据丰富的理论与实践经验，不断地探索和研究提高运动技能和运动成绩的方法和手段，改善运动员的生理机能、挖掘运动员的运动潜能，为提高运动员的竞技能力而服务。

（二）体育教育人才

体育教育人才是指在体育教育领域内直接或间接从事教育工作的人才，主要包括大、中、小学校的体育教师，还有体育专业学校的体育技术课教师、社区体育指导员、体能教练、体育理论课教师及从事体育宣传、体育出版等体育工作者和社会体育指导员。其中，体育教师是体育教育人才的骨干人才。在体育教学活动中，体育教师首先是体育文化的传播者，是学生学习活动的引导者、鼓励者、指导者和评价者。在这个过程中，体育教师一方面要传播人类优秀的体育文化成果，另一方面又能做到以教学对象对主体，做到因材施教、因势利导，全面培养体育后备人才，同时要兼顾着发展身体素质、心理建设、动机培养、兴趣培养、运动技能培养和道德品质培养等多方面的任务。体育教师对我国竞技体育的发展、竞技体育后备人才的培养以及全民健身运动的发展都起着十分重要的作用。

总之，体育教育人才是发展体育事业的核心力量，是培养人才的人才，他们决定着我国体育事业未来的发展情况，因此必须给予足够的重视和支持。近年来，我国非常重视体育教师的培养和队伍建设，这些都是符合时代和社会发展需要的重要举措。

（三）体育管理人才

和其他领域一样，管理人才决定着该领域发展的稳定性、方向性与持续性。体育管理人才是指在各级体育组织从事行政工作，以及在各种体育团体内从事体育领导工作和体育管理工作的人才。体育管理人才是各级体育行政机关、体育专业学校、体育科研部门、各级运动队伍及体育教学组织的领导和体育行政管理工作者，包括党务管理人才、行政管理人才、体育部门业务领导、体育事业管理人才、办事机构领导、运动队领队等。作为体育管理人才，一方面要具备组织领导能力，另一方面还应熟悉相应的体育专业知识，了解体育教学、体育训练以及体育竞赛和体育发展的一般规律。体育管理人才依据国家或上级的体育方针政策负责制定和掌管所管辖区域或部门的体育方针及政策，对体育工作中的问题实行决策、领导，并协调体育领域内各系统和单位的工作和运转。

（四）体育产业人才

体育产业人才是指从事体育服务行业的人才，包括与体育运动有关的一切生产经营活动领域的人才。随着体育产业的不断发展，近年来已经逐步向着精细化和专业化的方向发展，对体育产业人才的需求也逐渐的精细化和专业化。主要包括健身娱乐业、竞赛表演业、咨询培训业、体育旅游业、体育经纪业和体育博彩业方面的各种相关人才。

其中，体育用品业人才除了人们熟悉的体育服装业、体育饮料业的人才之外，还包括规划、设计、施工、维护的建筑业以及提供和生产体育用品与器械、健身设备与设施的人才。另外还包括通过体育表演、运动竞赛等形式向社会提供观赏、娱乐服务的人才。还有体育经纪人才，他们的主要工作是与体育相关人员或组织签订委托合同、充当委托人，为体育竞赛等事宜的订阅媒介或为委托人提供获益机会的自然人、法人或其他经纪组织。

（五）体育媒体人才

体育媒体人才是指在体育新闻媒体领域内，从事体育新闻工作的专门人才。体育媒体包括体育平面媒体、体育电视媒体、体育网络媒体、体育自媒体等。体育媒体人才包括体育报刊记者、体育专栏写手、体育主持人、采访人、评论员、体育网络管理人才、网络撰稿人才等。

（六）体育科技人才

体育科技人才是指能揭示体育活动发展的客观规律，有一定的知识和技能，在体育工作领域从事体育科研工作和从事体育科学技术工作的人才。体育科技人才主要是各级体育科学研究所的体育研究人员、体育情报人员。还有就是从事体育器材设计和制造的工程技术人员，还有保健医生和营养师等等。体育科技人才具体包括运动医学、运动生理、运动生化方面的研究人员，包括体育哲学、体育管理、体育新闻的研究人员，以及体育关联技术人才如体育建筑、体育雕塑、体育文艺等。体育科技人才根据体育事业的发展进程，专门负责探索研究和解决体育领域内的科学性和技术性较强的工作。比如研究人体发生发展的规律，从而为提高运动技术提供理论依据和研究结果。再比如研究制造现代化的体育器材和仪器、协助教练员解决运动训练中的各种实际问题等。体育科技人才是体育事业发展的前沿力量，也是体育事业发展的发动机，是建设体育强国不可忽视的人才队伍。

第三章　青少年足球人才培养的机制与途径研究

　　培养青少年足球人才是推动我国足球运动可持续发展的基础，我国青少年足球人才缺乏是制约我国足球事业发展落后的主要原因之一，因此必须加强对青少年足球人才的科学培养。足球人才培养是一项系统工程，必须要树立先进的培养理念，建立科学而完善的培养机制与模式，探索多元化的有效培养路径，从而提高人才培养效率和水平，为我国足球运动的发展提供坚实的人才保障。本章重点对青少年足球人才培养的机制与途径展开研究，首先对比分析中外青少年足球人才培养机制，然后从校园足球发展、足球俱乐部青训力量建设以及城市群众足球发展三个方面探讨青少年足球人才培养的多元路径。

第一节　中外青少年足球人才培养机制对比

一、国外青少年足球人才培养机制

（一）德国

德国为培养优秀的青少年足球运动员，由足球协会制订了"天才促进计划"，主要通过学校足球、天才培训中心以及职业足球俱乐部三个渠道来培养青少年足球人才。现阶段，全球的青少年足球人才培养计划中，规模最大的当属德国的"天才促进计划"，政府为此投入了大量的资金。一般从暑期开始实施该计划，培养对象是11—17岁的青少年，超过两万余名青少年参加培训，全国设立的培养点有数百个，参与培养和训练的教练员有上千名。开学后，暑期培养计划停止，但青少年足球运动员还要利用课余时间在训练基地接受培训，每周一次。青少年足球运动员在训练基地可以获得教练员的单独指导。在"天才促进计划"的实施中，足球基地发挥了核心作用。

德国青少年群体中，很多孩子都有机会成为足球运动员的培养对象，有关部门会定期重复选拔培养对象。此外，培养年轻的足球教练员、与学校合作培养足球运动员等也被纳入"天才促进计划"中。为了使该计划得到顺利实施，德国足球协会积极建设与完善基础设施，扩大足球训练基地的规模，完善训练基地的训练环境。此外，对青少年足球运动员训练进行指导的教练员都是足协委派的专职教练，足协不仅出资来完善基础设施条件，还出资聘请优秀教练员对青少年足球人才进行专业指导，从而有效提高了青少年足球人才培养质量。

（二）意大利

意大利玩足球的青少年遍布大街小巷，人们在海滩、公园、街道等宽敞的地方都能看到青少年踢球的景象，整个国家的足球环境和足球氛围是良好的，越来越多的青少年、儿童被足球吸引，因此意大利的足球后备力量非常雄厚，这是意大利足球长期发展良好的主要原因之一。在意大利，培养青少年足球人才受到政府和社会各界的高度重视，国家为培养优秀的足球后备人才每年都会投入大量的资源，而且成果显著。总结发现，意大利主要通过下列几个路径来培养青少年足球人才。

1.足球联合会的短期培训班

少年足球培训班每年都由意大利足球联合会和地方足球组织定期举办，一般在暑期举办，为期10—14天。足球启蒙教育是举办培训班的主要目的，主要对一些基本的足球知识进行传授，使少年儿童对足球运动产生兴趣。

2.职业足球俱乐部少年培训班

对意大利的职业足球俱乐部和一些业余球队来说，对足球后备人才进行培养是延续自身生命力的关键。经济条件好的职业足球俱乐部，如尤文图斯、AC米兰等，将招募中心设立在国家各大城市，如果发现运动天赋好的少年儿童，就会由俱乐部进行专门的培养。职业足球俱乐部的青少年足球运动员也接受系统的文化教育，足球课程的文化知识主要由足球专家为其系统讲授。小球员在俱乐部经过几年的锻炼后，足球运动水平会得到显著提升，特别突出和优秀的小球员会进入俱乐部的青年队接受更为严格和高水平的培训。

3.普及足球教育

中小学向学生普及足球基础知识，培养少年儿童的足球兴趣，在中小学生踢球时由足球教师进行引导和辅导。业余足球教练员负责指导中小学生的校外足球活动，提升他们的参与兴趣，培养他们好的踢球习惯。

（三）西班牙

足球运动是西班牙人最热爱的运动项目，不管是城市还是乡镇、农村，几乎都在当地组建了自己的足球队。西班牙职业足球俱乐部是培养青少年足球后备人才的主要力量。足球俱乐部非常重视培养年轻球员，对球员进行系统训练，训练大纲较为完善，针对不同梯队的球员制订了详细的培养和训练计划，计划中对各个梯队教练员和球员的训练目的、任务都做了明确规定。而且各个梯队的训练都会受到技术总监的监督。俱乐部下设的足球运动队的训练在风格上与俱乐部一线队保持高度一致。俱乐部在培养年轻球员方面实行的是走训制。

对技术性和对抗性的反复强调与高度重视最能体现西班牙青少年足球人才的训练理念，俱乐部在人才培养中不断强调各项足球技术动作都要在高速对抗中完成。俱乐部采取具有系统性和针对性的训练方式和方法。不管是热身练习，还是日常练习，都以有球练习为主，采用非常丰富的技能训练方法和手段，并在训练中营造严格与宽松兼具的氛围，采取趣味性较强的训练方式来调动球员的训练积极性。俱乐部青少年足球运动员训练中不仅训练强度大，而且非常注重细节，正因如此，西班牙年轻球员的技术达到了很高的水平。

西班牙青少年足球运动员之所以能够顺利进行系统训练，与该国的教育体制也有关系。西班牙的教育制度比较宽松，孩子们的学习压力并不大，文化学习一般只安排在上午，其他时间可以踢球，这就为青少年踢球提供了时间保障。

（四）阿根廷

阿根廷的足球俱乐部、青少年足球队、注册球员的数量都是非常可观的，阿根廷国家文化中，足球文化所处的地位极为重要。阿根廷足球的辉煌发展与其大力培养优秀的青少年球员密不可分。在阿根廷，对足球后备人才的培养可谓一件国家大事。喜欢足球运动的青少年虽然会在学校体育课上踢球，但这远远不能满足其需求，踢球成为他们课余时间最主要的一项活动。阿根廷有很多的私立足球学校，这些学校与职业足球俱乐部有着密切的关联，足球学校主要负责培养14岁以前的少年儿童，以基础培训为主，每周3次，青少年经过系统的基础培训且年龄到14岁后就会进入俱乐部接受新的培训。

虽然阿根廷足球协会的经济实力并不雄厚，但协会依然会将部分经费用于对青少年足球运动员的培养。社会上的体育场地几乎免费向青少年开放，为青少年踢球提供场地和空间保障。阿根廷面向青少年群体制订长期的培养计划，不过早进行专项化培养，循序渐进，逐步提高。阿根廷青少年足球训练理念强调依据青少年球员的身心发展规律、特征及运动技能形成规律而设计训练方法，不断培养青少年球员吃苦耐劳、坚持不懈的勇气和精神。此外，青少年足球训练和实战比赛紧密结合，将比赛的因素融入训练中，培养青少年球员的实战意识和比赛能力。

（五）巴西

巴西大大小小的足球俱乐部加起来数量极为可观，职业球员也有数万名。足球是很多巴西人的生存手段，人们为解决生存和生活的需求以及其他需求，将足球作为一个重要手段，满足自身需求和利益。巴西人喜欢自由，勇于求新，不喜欢被条条框框束缚和"绑架"。足球是一项自由的运动，在沙滩、公园、街头等宽敞的地方，人们无时无刻不在踢球，不管是富人还是穷人，都热爱足球，闲暇时通过踢球来消遣娱乐。

巴西青少年足球后备人才培养中，不仅注重技战术的训练，也关注体能和心理的训练，这些训练内容密切关联，相互交叉和融合。在系统培养与训练中，体能和心理训练是基础，技战术训练是核心，教练员将足球比赛的因素融入训练方法的设计中，将训练和比赛结合起来，在接近比赛的环境下进行逼真的训练，尤其注重紧逼形势下的控球训练和区域人盯人攻守训练，重视培养青少年足球运动员灵活、熟练控球的能力，培养能够在比赛中发挥重要作用的能力，而不是与比赛相脱节的教条化的僵硬动作。

二、中国青少年足球人才培养机制

我国从20世纪90年代初开始改革足球管理体制，职业足球俱乐部就是在足球体制的改革中应运而生的，此次改革也彻底改变了我国青少年足球人才培养体系。计划经济时期我国青少年足球人才的培养主要依附体委系统，不管是青少年足球训练、青少年足球竞赛还是青少年足球管理，都由体委系统负责。经过改革后，在市场经济背景下我国青少年足球后备人才的培养体制以俱乐部为主体，这从青少年足球训练、青少年足球竞赛等青少年足球活动中充分体现出来。

我国青少年足球人才培养体制经过改革后，政府对青少年足球人才培养的资金投入比例减少，而社会资金投入的比例提升，人才培养的资金来源渠道得到拓展，社会联合办体育的积极性被成功调动起来。我国依托市场经济培养足球后备人才，将经济领域的核算、投资、效益等概念引进足球人才培养中。但政府、体育系统、足球协会依然发挥着重要的作用，主要体现在业务指导、组织领导、宏观调控以及利益协调等方面。总之，我国青少年足球人才培养形成了多种形式并存的局面。

概括而言，现阶段我国青少年足球人才的培养体制主要有以下几种。

（1）职业俱乐部（甲级俱乐部的U–19，U–17和U–15三级后备梯队）和由俱乐部主办的少儿足球学校训练体制。

（2）省级、解放军、行业体协全运会代表队和市级城运会代表队训练体制。

（3）各类业余俱乐部青少年训练体制。

（4）各类足球学校青少年训练体制。

当前，我国青少年足球人才培养系统包括两个系列：一个是普及系列，一个是竞技系列。足球学校、业余俱乐部和普通学校的培养属于普及系列。足球学校每天安排的文化课学习时间和训练时间各占一半，往往是上午学习，下午训练。普通中小学和业余俱乐部主要是利用课余时间对学生进行培养。职业足球俱乐部梯队培养和运动队训练属于竞技系列的范畴，U–15年龄运动员每天的安排是文化学习与训练的时间各占一半。U–17和U–19年龄运动员没有明确的学业要求，而且因为他们经历了基础培训，所以往往按职业球队的方式来进行训练和管理。竞技系列与普及系列对比而言，前者的训练与培养更为严格、规范，要求更多，接近职业球队，而且也提供了充实而有力的后勤保障。

三、国外青少年足球人才培养机制的经验

（一）通过学校足球普及足球运动，足球与教育紧密结合

德国与英国在培养青少年足球人才方面注重发挥学校的作用，除了关心青少年球员的训练和比赛以外，对青少年学生的文化学习也很重视。足球协会与教育部门合作，将青少年足球人才培养计划放到中小学中去落实和开展，在学校足球与职业足球俱乐部之间建立友好互动关系。从学校足球着手而促进足球运动的普及，与学校教育相结合而对足球后备人才进行培养，这种方式的优点和意义主要表现在以下几个方面。

（1）让青少年学生普遍了解世界第一运动，培养兴趣，扩大选材范围。

（2）青少年学生处于学习知识和增强体能的关键阶段，要抓住这一关键时期，在进行文化教育的同时挖掘学生的运动潜能，抓住体能和运动能力发展的敏感期，促进青少年学生全面健康成长和发展。

（3）青少年首先应该扮演"学生"的角色，其次才是"运动员"的角色，所以要将文化教育放在第一位，在不影响青少年文化学习的基础上进行训练和培养，提升青少年球员的文化素质，促进青少年足球运动的健康发展和不断突破。

（二）建立培训中心，采用以点带面、点面结合的方式进行培养

德国一直都在努力建设足球训练基地、训练中心，争取将每一位有天赋的好苗子都培养成优秀的足球运动员。所以青少年球员在训练中心和训练基地往往能够获得教练员的单独指导。德国的青少年球员从早期开始接受的训练和培养就是高质量的，这为其成长成才打下了坚实的基础。此外，法国、英国等国家也建立了各种足球培训中心，对青少年足球运动员的选拔和培训都很严格，从而提升了培养质量。

（三）足球协会扶持青少年培养机构，积极引导，发挥作用

从国外青少年足球人才的培养机制来看，社会上各种性质的足球培养机构普遍获得了国家足球协会的支持，机构在培养青少年球员的过程中，足球协会不仅提供资源，还直接参与一些选拔与培养活动，扮演着极为重要的角色，发挥了举足轻重的作用。国外倡导体育系统、教育系统以及社会系统共同办体育，共同培养足球人才，

足协在多系统共同培养青少年足球人才的模式中积极发挥引导作用以及协调功能，其作为一个"指向标"是必不可少的存在，如果没有足协的支持与参与，就无法将社会上的优势资源整合到一起共同致力于提升青少年足球人才的培养质量。

四、国外青少年足球人才培养机制的启示

随着我国足球职业化发展进程的加快和职业化发展水平的提升，当前我们迫切需要面对的课题和解决的问题是打破传统的、封闭的青少年足球人才培养模式，协同业余体校、足球学校、各地运动队、足球俱乐部等多个培养单位而共同构建开放性、创新性的青少年足球人才培养新模式，使各个培养单位建立互动、合作关系，整合资源与力量，提升培养效率与质量。国外尤其是足球发达国家对青少年足球人才的培养模式给我们带来了宝贵的经验和启示，值得我国学习和借鉴，我们应从我国足球事业发展现状、青少年群体的成长规律、发展特征以及足球基础等因素出发，实事求是地建立足球人才培养体制。具体来说，国外青少年足球人才培养机制为我国青少年足球人才培养模式的改革与创新带来了如下几方面的启示。

首先，培养青少年足球人才最终要回归到教育上，要通过学校教育来普及足球运动，在普及的基础上推动学校教育和俱乐部培训的合作，将业余体校在传统青少年球员培养模式下"一统天下"的格局打破，扩大青少年足球人口规模，抓住青少年接受教育的关键期对其进行价值观、世界观和人身观

教育，进行道德教育和文化教育，提升青少年的道德人格素质和文化素质，为其在足球专项上获得可持续的发展奠定基础。我国积极推行校园足球发展战略标志着我国在培养青少年足球运动员方面迈出了重要一步，但我们还要继续探索如何使校园足球的功能得到最大化的发挥，如何对校园足球工作进行统筹管理，以提高校园足球计划的运作效率，提升校园足球发展水平及青少年球员的培养质量。

其次，足球学校倡导教育为先的理念，通过正规考试招生，具备一定文化素质的学生才能进入足球学校，他们不仅能接受正规的足球训练，而且还能像其他同龄人一样学到科学文化知识。

再次，建立培训中心性质的训练制度，从学校足球、足球学校、业余体校等各种性质的培训单位中选拔优秀的运动员到培训中心从事高水平的训练。

最后，在青少年足球人才培养上，足球协会应该积极引导，甚至直接参与相关工作，只有足球协会站在一定高度上引导、调控，才能统筹规划培养工作，推动青少年足球人才培养的可持续发展。

第二节 大力发展校园足球

一、认识校园足球

校园足球指的是以学生为参与主体，以培养学生的体育精神、促进学生身心健康与全面发展为出发点，以增强学生体质为目标，以传授足球知识、技能为基本手段的学校体育教育活动。开展校园足球活动是扩大我国足球人口规模、夯实足球人才根基和推进学校体育改革的基础工程，它对于推动全国亿万学生阳光体育运动的深入开展、丰富校园体育活动形式具有重要促进作用，并与我国未来的足球事业密切相关，因此受到了国家的高度重视。

2009年4月，国家体育总局与教育部联合下发《关于开展全国青少年校园足球活动的通知》，以推动青少年体育工作的开展，增强青少年体质。2014年11月，国务院召开全国青少年校园足球工作电视电话会议，此后正式由教育部负责全国青少年校园足球工作。2015年3月16日，国务院办公厅印发《中国足球改革发展总体方案》，将校园足球提升为国家战略，加快发展校园足球，取得了良好的成果。2017年2月，教育部办公厅印发《关于加强全国青少年校园足球改革试验区、试点县（区）工作的指导意见》，提出较为完善的校园足球改革体系和规范的管理机制。2018年，我国认真总结校园足球工作经验，积极解决问题，提高校园足球发展的高度。

经过多年的发展，我国校园足球取得了瞩目的成就，但也存在诸多问题，如经费短缺、设施不足、管理不严、制度保障缺失、人才选拔与培养体系不完善等，因此有待在实践中进一步探索校园足球发展的有效策略。

二、推动校园足球发展的建议

（一）树立"以人为本"的理念

发展校园足球必须树立"以人为本"的科学理念，并通过下列几方面践行这一理念。

第一，充分认识"校园足球的根本目的是育人"这一客观事实，在不影响学生学业成绩的同时，以足球锻炼为手段，增强学生体质，选拔与培养青少年足球人才。

第二，实施校园足球工程，必须坚持"以人为本"的核心原则，其中"人"指的是与校园足球相关的所有群体，如学生、足球教练员、管理人员以及学生家长等，其中青少年学生居于核心地位。发展校园足球，要尊重学生及其他相关人员的意愿，要维护相关群体的利益。

第三，普及校园足球，这是开展校园足球工程的一项重点工作。"要推进校园足球普及，夯实国家足球事业人才基础"。通过普及校园足球运动，扩大校园足球人口规模，保障青少年学生参与足球运动的权利。只有校园足球参与者的数量增加了，校园足球的发展才有发生质变的可能，这是量变引起质变理论的体现，也是校园足球的发展规律。[①]

（二）加强校园足球文化建设

文化是校园足球的本质属性与真正内核，因此建设校园足球文化是发展校园足球事业的核心。校园足球发展以足球文化为灵魂，具体包括物质文化、制度文化、精神文化和行为文化，在校园足球发展系统中，这些文化都起着举足轻重的作用，表现如下。

（1）通过校园足球物质文化来激发学生对足球的参与热情与积极性，良好的物质文化能够培养学生的足球兴趣。

（2）校园足球制度文化是校园足球可持续健康发展的保障。

（3）校园足球精神文化不但能够使学生感受足球的乐趣，还能培养学生的精神与道德品质。

（4）校园足球行为文化直接反映了校园足球的开展情况，这是校园足球管理人员进行决策的主要参考。

（三）完善校园足球制度与人才培养机制

在中国足球事业的改革与发展中，必须明确发展思路与方向，重视顶层设计。校园足球的发展同样要加强顶层设计，具体表现在以下两方面。

1. 搞好校园足球制度建设

良好的制度是校园足球发展的重要保障，校园足球工程的有序实施离不开完善的校园足球制度。学生可以在良好的校园足球制度下形成正确的价值

[①] 王志华，向勇.我国校园足球可持续发展的现实困境与路径选择[J].体育文化导刊，2019（02）：101-105.

观，养成优良的道德行为习惯。

然而，目前我国校园足球制度不够完善，存在很多方面的问题，如足球设施与经费管理问题、足球教师待遇问题以及足球竞赛安全问题等。对此，我们应加强对校园足球制度的建设，完善校园足球制度体系，为校园足球的长远发展提供强有力的制度保障。

2.完善人才培养机制

建设与完善校园足球人才培养机制需要把握好校园足球入口、中间环节以及出口等问题。

（1）入口

入口是指开展足球运动的学校以及参与校园足球活动的学生的质量。校园足球发展的入口要清晰，要充分了解校园足球活动参与者的动机，制定符合学校实际情况的校园足球发展目标与策略。

（2）中间环节

校园足球教学、校园足球训练、校园足球竞赛以及其他校园足球活动都属于中间环节。学校要科学地、循序渐进地安排中间环节的工作，在科学理论的指导下开展校园足球相关工作，克服功利主义心理。

（3）出口

出口指的是校园足球活动参与者的流向，其实也是培养方向。出口要有保障，要为热爱足球、足球天赋好的学生开辟更广阔和多元的发展渠道。[1]

建立与完善校园足球人才培养机制，能够明确校园足球的发展方向和参与主体的培养流向，有利于解决学训矛盾，还能促进校园足球相关人员之间保持和谐友好的关系。

（四）建立校园足球管理体制，加大管理力度

建立并不断完善校园足球管理体制需要开动脑筋，解放思想，摆脱传统体育观念与体制的束缚，改革现阶段的校园足球组织体系（以体育职能部门

---

① 齐红梅.现代足球运动的文化解析与多元化发展研究[M].长春：吉林大学出版社，2020.

为主体），突出教育行政部门的主体管理地位，建立与现阶段足球发展实际相符的组织管理体系，以政府为主导，体育部门与教育部门相互协调配合进行具体的组织与管理工作，但要以教育部门为主，即建立"政府主导、教体共管，以教为主"的组织管理体系，如图3-1所示。

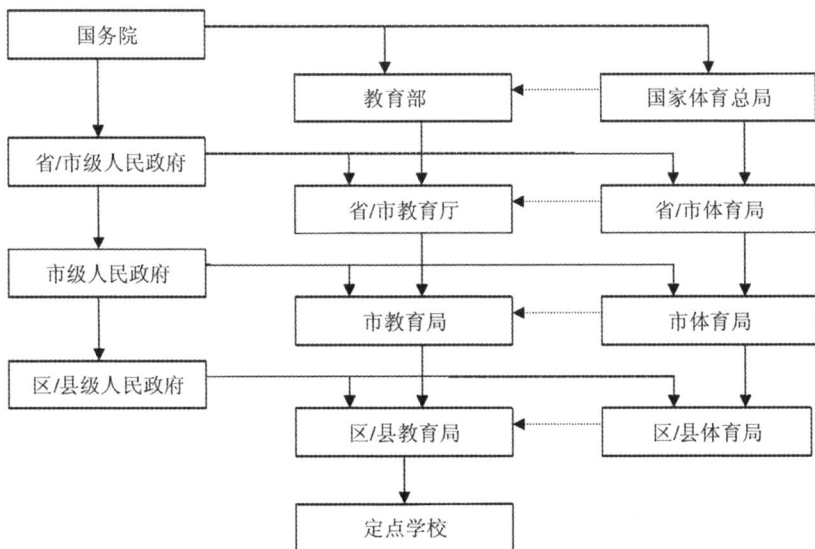

图3-1　校园足球管理体系[①]

（五）重视对校园足球后备人才的科学选拔

1.建立以技术为核心的选材指标体系

荷兰著名足球教练威尔·柯瓦指出，足球运动员的个人技术决定比赛的胜负。从他建立的青少年足球训练计划的金字塔模态结构中也可看出足球技术在比赛中的核心地位（图3-2）。有关学者对英国9—18岁的大量优秀球员进行调查后也证实，在14岁前花大量的时间进行技术练习是英国青少年球

① 李纪霞.全国青少年校园足球活动发展战略研究[D].上海体育学院，2012.

员成材的重要秘诀。国外足球发达国家的理论和实践已证明，在青少年足球运动员的选材和训练中突出技术的核心地位是符合足球运动选材与发展规律的，如此才能真正有效地提高青少年的足球水平。因此，在青少年足球人才的选材与培养中重视技术的核心地位，突出对核心技术的测试与评价，比只通过体能测试进行技术能力预测更准确，而且这也最大限度地保证了选材的公平和合理。

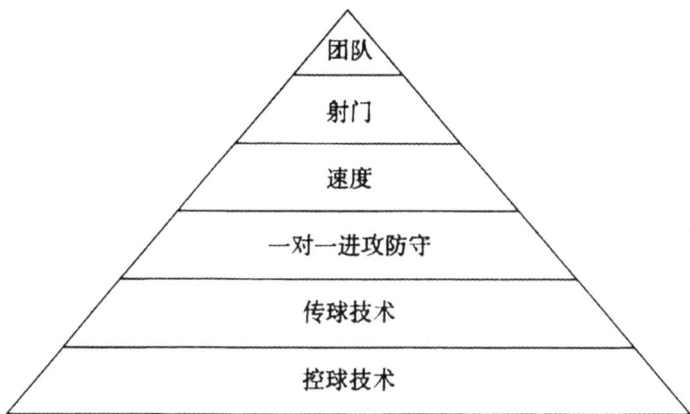

图3-2　足球训练计划的金字塔模态结构[①]

2.建立选材和育才相结合的培养模式

选材和育才分别是指才能发现和才能发展。当前，一些足球发达国家在青少年足球人才的培养中开始渐渐从以选材为重点转移为以育才为重点。因为他们发现，即使早期选材很成功，但是如果缺乏好的后续培养方案和途径，也是没有效果的，过早的专项化训练对青少年球员的可持续发展是不利的。因此，在选材的基础上将育才重视起来很有必要，这就形成了选材与育才相结合的足球后备人才培养模式。青少年足球人才选材的完整过程是由4个连续的阶段有机构成的，分别是才能发现、才能确认、才能发展和才能精选，它们构成了选材的统一体。

---

① 金钢铁.青少年校园足球发展战略研究[M].北京：北京体育大学出版社，2018.

运动选材中，要对选材对象的遗传特征、身心特征、运动特征等进行全方位考察，最终选出与专项运动特征最相符的青少年。这样开展选材工作能够节省资源投入，同时提升选材效率。选材是一个系统的动态过程，包括一系列连续不断、环环相扣的工作，选材和育才始终紧密相连，不可分割。就像科研一样，如果缺乏个案追踪和长期跟踪，没有摆在眼前的客观事实，那么就难以深入研究下去，最终也无法获得令人信服的研究结论，更无法对研究结果进行客观验证。选材不是运动队、体校、俱乐部对青少年进行一次全面检查就够了，因为青少年处于生长发育阶段，各方面的素质是动态发展的，不能说只要全面检查和测试通过了，就能准确选出未来的世界冠军。测试是为了发现天赋好的苗子，要在此基础上进行系统培养方能使之成材，这就需要长期系统的训练、调查、追踪、评价，从而判断当初的选择是否正确。

总之，在青少年足球人才的选拔中，要将选材和育才紧紧结合起来，基于这一认识，从我国足球发展的实情出发，可构建青少年足球人才选材与育才相结合的培养模式，如图3-3所示。

（1）理论依据

国外关于运动选材与发展的动态理念为我国选材与育才相结合的青少年足球人才动态培养模式的构建提供了重要的理论依据，其中最具代表性的当属加涅提出的"选材和发展相结合的长期培养模式"（图3-4）。加涅对天赋与人才之间的关系进行了深入的分析，指出才能的发展受到遗传、环境、文化教育等多方面因素的影响，才能的形成与发展具有动态性、复杂性，基于正确的观念和认识，他提出青少年人才培养的DMGT模式，该模式最大的特点就是将选材与发展有机结合在一起。该模式指出才能由4个维度的发展组成，包括智力、创造力、运动感知和社会情感。这一模式受到国内外诸多运动专家、教练员及运动员的普遍认可，并在竞技运动尤其是运动选材中得到广泛应用。

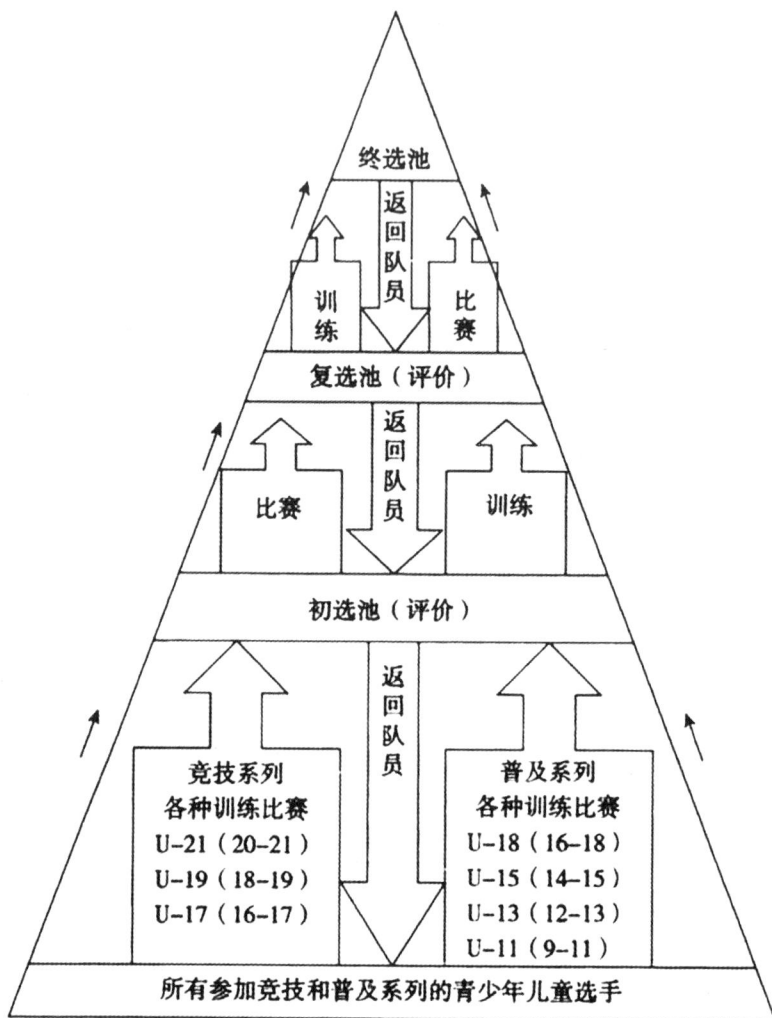

图3-3　选材与育才相结合的培养模式[1]

① 金钢铁.青少年校园足球发展战略研究[M].北京：北京体育大学出版社，2018.

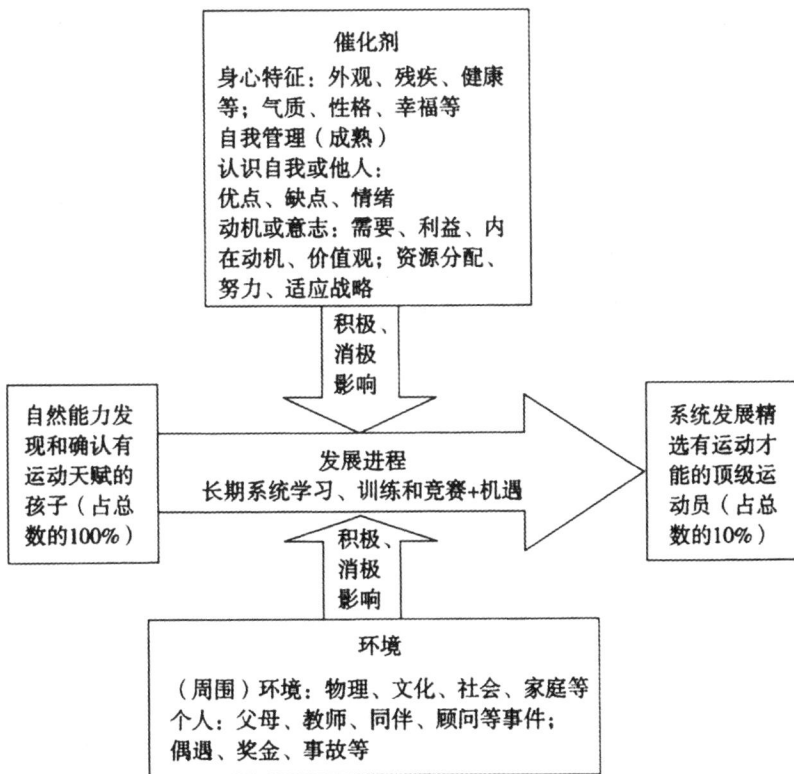

图3-4　选材与发展相结合的模式①

（2）指导思想

我国建立选材与育才相结合的足球人才培养模式的指导思想是，在青少年足球人才的梯队训练和分层培养中，为各个梯队与层次分配的资源要平衡，各梯队与各层次要进行资源共享，使每个青少年的足球天赋与潜能都能被充分挖掘出来，将其参与足球训练的积极性充分调动起来，为每一位有天赋的青少年足球人才提供平等的发展机会。

（3）选拔程序

在选材与育才相结合的足球人才培养模式下，青少年足球运动员的选拔

① 金钢铁.青少年校园足球发展战略研究[M].北京：北京体育大学出版社，2018.

主要分下列两个步骤进行。

第一，面向普及系列与竞技系列中参加足球运动的全部青少年进行初选，根据选材对象的年龄而确定选材方式，如果选材对象是16岁以下的青少年，借鉴英国足球后备人才选拔中常用的六项技术标准的星级测试方式进行选拔。如果选材对象是16岁及以上的青少年，则采用比赛的方式进行选拔，采用青少年足球训练大纲中的技战术评价标准进行诊断性评价，根据测试与评价结果挑选合格的人才。

第二，对初选出来的青少年进行初步的技战术测试，以比赛的形式组织测试，由教练、专家、裁判共同评价和打分，根据最终结果判断是否达标，对于不达标的对象要再次观察与测试，对于达标的对象推荐到上一层继续测试，层层选拔，把好"入口"这一关。

3.淡化比赛成绩，提倡快乐运动

在青少年足球人才的选拔与培养过程中，应对比赛成绩采取淡化的态度，重点培养青少年参与足球运动的兴趣和正确动机，提倡快乐踢球。这是生态主义价值观和先进的人本主义培养理念在足球人才培养中的重要体现。要真正做到快乐运动，淡化成绩，应该注意以下几点。

（1）培养目标要符合青少年的年龄特征和运动水平，不要制造过大的压力，使青少年在足球训练中获得愉悦的心理体验和情感体验。

（2）根据不同年龄段青少年的身心发展特征进行训练，遵循训练规律，在科学训练原理的指导下恰当引导青少年自主练习，使其能动性、主体性、创造性得到充分发挥。

（3）设计与选择科学有效、多元丰富的训练方法，合理安排运动负荷，加强体能训练、心智训练、技战术训练之间的有机联系，使各项训练相辅相成，构成有机统一的训练系统，提高整体训练效果。

（4）建立良好的训练环境和实战环境，对年龄较小的儿童少年，要多鼓励，多肯定，培养自信，注重孩子们个性的施展，使他们在愉快的足球运动中发挥自己的天赋和个性。创建可持续发展的训练生态环境，培养青少年的健康人格，使青少年健康成长，在和谐的环境下逐渐成才，最终实现全面发展和足球技能提升的目标。

第三节 加强足球俱乐部青训力量的建设

一、完善职业足球俱乐部青训模式

（一）统一青训理念与方法

不同的职业足球俱乐部采取的青训模式不同，无论采取哪种青训模式，各俱乐部都应有明确的理念，将正确理念从一线队贯穿至各梯队中。足球先进国家的青训模式值得我们学习借鉴，但如果只是东拼西凑地盲目借鉴则不利于我国青少年足球水平的提升，各俱乐部应探索最适合自己的青训模式，如果职业足球俱乐部能遵循规律、公平竞争，形成培育足球后备人才的合力，将会非常有效地促进我国足球运动的发展。

（二）尝试实行"走训"制

培养青少年足球人才是一个复杂的系统，家庭因素、社会因素都会产生重要影响，而且由于青少年球员本身的特殊性（竞争激烈、心理压力大），更不应该进行封闭式培养，否则容易造成心理问题。因此，我国应尝试实行"走训"制，让青少年回归学校、回归社会。[①]

---

① 于久洋.我国职业足球俱乐部青训模式研究[D].吉林大学，2019.

二、加强职业足球俱乐部青训与校园足球的深度合作

（一）协同双方目标

校园足球发展目标与职业足球俱乐部青训目标虽然不一致，但并不冲突，可以兼顾。校园足球的发展为中国足球的崛起提供了广泛的生源基础，这是职业足球俱乐部培养青少年后备人才的前提。足球俱乐部参与校园足球能激起学生的足球兴趣，点燃学生的参与热情，为校园足球发展提供持续动力。可见校园足球和职业俱乐部互为依托，相互促进。[①]

首先，职业足球俱乐部青训与校园足球合作是青少年足球人才培养的新模式，是解决校园足球发展中资源困境的新出路。

其次，职业足球俱乐部与校园足球在实现各自目标的同时协助对方实现目标，共同为振兴中国足球而努力。

（二）制订合作引导政策

根据职业足球俱乐部青训与校园足球各自的发展特征、发展目标而制定具有引导性的合作政策与方案，明确双方在这个合作关系中各自的责任与义务，提出合作的范围、内容与具体的合作方式，加强二者的常态化合作、多元化合作及深度化合作。在这个方面，英国的"学校—俱乐部链接计划"可供我们学习与借鉴，即在职业体育俱乐部与学校之间建立有效的链接，由足球俱乐部向学校提供足球教练，指导学校足球教学训练，培训足球教师，选拔与培养足球人才。与此同时，俱乐部也能在学校选拔更多优秀的青少年足球人才，扩大选材来源，提升选材质量。

职业足球俱乐部青训与校园足球的合作必须是互惠互利、互相成就的，

---

① 喻和文，刘东锋，谢松林.职业足球俱乐部青训与校园足球合作探析[J].体育文化导刊，2019（02）：22-27+14.

要协调各自利益，一旦一方利益受损，合作就会受到影响，因此双方应坦诚相待，诚信合作，提高协同发展的效率。

（三）增强足球俱乐部的社会责任意识

职业足球俱乐部作为企业化组织承担一定的社会责任，俱乐部履行社会责任可以有效提升俱乐部的认同感和品牌忠诚度，提升市场经营效益。职业足球俱乐部青训与校园足球合作是履行社会责任的方式之一，参与校园足球活动能为俱乐部带来诸多收益，如扩大青少年人才的选材范围，扩大球迷基数，弥补俱乐部梯队文化教育的不足，提升球迷对球队的认同感与忠诚度，为俱乐部创造市场价值。职业足球俱乐部要充分意识到与校园足球合作虽然需要付出经济成本，但也能收获诸多利益。

第四节　推动城市群众足球的发展

将人置于体育发展的中心是21世纪体育发展的主旋律与必然选择，足球运动是群众喜闻乐见的健身休闲手段，我们应本着"以人为本"的理念，以全民健身的蓬勃开展为契机，以满足人民群众的足球参与需求为出发点，以促进人的全面发展为归宿，积极开创城市群众足球发展的新局面，营造良好的社会足球氛围，为青少年足球人才培养创建良好的社会环境。

一、深化对群众足球发展的基本认识，明晰体育部门的管理职能

深化对群众足球发展的认识，包括深化群众足球对于全民健身重要性的认识，深化群众足球对青少年人才培养和国家足球事业发展的重要性的认识。在深化认识的基础上规范、强化体育部门对群众足球的管理职能，明晰体育行政部门的角色职责，提升城市群众足球业务管理的专门化、专业化、规范化水平。

二、普及群众足球文化，激发足球爱好者的主体意识

（一）群众足球文化的社会化普及

利用高科技环境，为足球爱好者群体建立足球信息交流平台，畅通足球信息通道，既可以实现对群众足球的宏观规模化监管与较高水平业务指导，又为爱好者提供了即时性地获取足球信息资源的便捷途径，还利于形成规模效应，扩大足球的社会影响力，从而全面推进城市群众足球的社会化普及。

（二）深化群众对足球文化的认识，提升其主体参与意识

利用媒体的传播与舆论导向效应，使人们多角度感受足球运动的文化熏陶、高水平竞技足球的魅力以及足球运动的价值意义，提升人们对足球运动的理性认识水平，最终促进人们形成参与足球运动的主体意识，使足球活动成为群众的一种内在需要，从而积极主动地参与其中，满足自我内在需要，提升自我健康水平。

三、提高政府的重视与投入，加强群众体育相关法规制度建设

作为群众体育重要组成部分之一的群众足球具有公益性，这一基本特性决定的群众足球的发展很大程度上靠政府支持，因此要提高政府及体育部门对群众足球的重视与投入，要求政府把主要精力和财力集中到公共服务上，扩大和强化公共服务的功能水平，缓解群众足球发展中的供需矛盾。体育部门应本着执政为民的思想，在尊重公民和社会组织基本权利的前提下，以需求为导向，身体力行地倡导、落实为广大群众提供足球健身公共产品和公共服务，同时要通过出台政策法规来有效地规范群众足球的发展，加强对城市群众足球活动的调控管理和科学引导。[①]

四、优化群众足球发展的基础条件

（一）改善足球场地设施条件

第一，加大社会足球场地的对外开放程度，提升足球场地的利用率，减少场地资源浪费。

第二，建设经济实用的、能够满足广大群众踢球需求的公共足球场地。我国在体育场馆建设中一直都以大型场馆建设为主，这些场馆主要用于竞技体育训练和比赛，对外开放力度小，不能满足全民健身的需求，真正能够为社会体育爱好者服务的公共体育场馆设施较少，对此，要在社会公共体育场地设施建设中加大投入力度，合理分配竞技体育设施和全民健身体育设施的

---

① 赵升，张廷安.我国城市群众足球运动发展历程回顾及策略分析[J].中国体育科技，2011，47（05）：31-39.

资源，满足广大足球爱好者踢球的基本需求。

第三，足球场地建设需要投入大量的人力、物力及财力资源，单靠政府投资建设足球场地无疑会增加政府的财政负担，对此，要实行政府与社会共同办体育的方针，将巨大的社会力量调动起来，将丰富的社会资源利用起来，扩大足球公共场地设施建设经费的筹集渠道，鼓励企业赞助或个人投资，或建立商业性质的足球场馆。此外，对于现有足球场地设施资源被挤占的社会乱象要严格打击与治理，使公共体育场地资源真正服务于人民群众，并鼓励人民群众共同维护社会公共体育设施。

（二）发挥社会体育指导员的作用

1.足球运动社会体育指导员的重要性

足球运动是集体项目，具有鲜明的组织性，而且有很高的技术性要求，对此，城市群众足球活动的开展应该由专人来组织和指导，而足球运动社会体育指导员在这方面肩负重任，要将自身的组织引导作用、骨干带头作用、示范榜样作用充分发挥出来，关键是要为群众足球活动的参与者提供专业的技术指导，并进行安全管理，从而扩大城市群众足球活动的规模，促进城市群众足球活动的规范组织与开展，提升大众的足球运动能力，并保障参与者的安全。

2.足球运动社会体育指导员队伍的构成

足球运动社会体育指导员队伍应由足球教师、足球教练员、足球裁判员、足球运动员、各行业的足球骨干等组成，这些人员可在业余时间积极组织与指导群众足球活动的开展，发挥自己的专业优势，这是整合社会资源与集中社会力量搞好城市群众足球的一个关键。

五、积极举办群众足球比赛

在足球运动的普及与推广中，比赛是必不可少的一种推广形式。足球比赛对群众的吸引力很大，能够调动群众参与足球活动的积极性，也能吸引群众为自己的健康投资，这样不仅普及了足球运动，也提高了群众的健康水平。我国群众尤其是城市居民对参与足球活动的需求非常大，为满足普遍化的需求，有关部门要大力组织群众足球赛事，扩大足球运动在城市群众中的影响力，满足群众参与足球，同时也能给社会发展带来良好的效益。

在举办群众足球比赛、打造品牌化足球赛事方面要做好以下工作。

第一，在全国范围内举办具有引领效应、示范作用的龙头业余足球比赛，使群众足球比赛趋于正规，扩大群众足球赛事的规模，自上而下调动不同社会阶层人民大众的参与热情。

第二，将全国性的大型业余足球比赛与地方的中小型大众足球比赛结合起来，多结合地方实际举办一些中小规模但较为规范的足球赛事，不同层次、不同水平、不同级别的业余足球比赛都能得到全面发展，满足不同水平足球爱好者的参赛需求。

第三，举办一些有特殊意义或主题明确的群众足球赛事，增加媒体的曝光度和宣传力度，将赛事的社会影响力与积极效应充分发挥出来。

第四，打造品牌赛事，业余足球组织与职业足球俱乐部联合办赛，提升群众足球比赛的规范性与业余足球比赛水平，推动职业足球与业余足球的良性互动发展，营造良好的社会足球氛围。

总之，要挖掘群众足球比赛的健身价值、休闲娱乐价值、经济价值、教育价值及社会价值，有序推进不同规模、不同层次的业余足球比赛的开展，建立与完善群众足球比赛体系，使业余足球赛事覆盖全国范围，满足广大群众的参与需求。

六、发挥足球协会的职能，加强基层群众足球组织网络建设

足球协会是沟通体育部门与群众的桥梁，健全、发挥足球协会的作用是推进城市群众足球发展的重要保障。足球运动管理中心应调整定位，把对足球的管理权逐步过渡到足协，推进协会实体化、法制化进程，改变我国足球

协会行政依附性强、机构独立性差、自我组织能力弱等问题。各地应依据本地区群众足球的实际情况，使足协切实承担起普及群众足球的职责，推进群众足球的社会化进程。

对于各级各类的基层足球组织，应在足球协会协调管理与业务指导下，发挥各组织的优势，以社会基层为依托建立覆盖面更广的组织保障体系。对于还无法在民政部门登记注册的基层组织，可采取在体育部门备案的方式实施规范化管理。[①]

---

① 赵升.我国城市群众足球运动发展研究[D].北京体育大学，2009.

第四章　青少年足球人才系统性训练理念与科学指导

　　青少年时期是足球运动员发展身体素质、提高技战术水平的关键时期。此阶段球员的训练和各方面的基础将影响球员的未来发展以及我国足球事业的发展水平。因此，青少年足球人才训练具有非常重要的战略地位，训练体系的建立需要系统性训练理念的科学指导，目前，我国从国外引入许多先进的训练理念、原则、方法。本章将在深入挖掘各种足球人才训练理念、原则、方法的基础上，开展对训练计划、训练效果评价的综合研究。

第一节　青少年足球人才训练的理念

一、足球运动训练的长期性、系统性和具体性

要想培养出一流的足球运动员必须认识到足球人才训练是一个长期、系统、具体的过程，必须根据青少年成长发展的规律，制订出多年训练计划，才可能开展有针对性的训练。青少年球员的成长过程可以被划分为不同的层次，课时结构、训练课程安排需要与不同层次、不同年龄阶段青少年的身心特点相适应。在此过程中，需要秉承如下训练理念。

（1）针对13岁以下的孩子，足球训练多采用游戏、娱乐、竞赛的方式，重在提升孩子的兴趣。

（2）针对13—15岁的孩子，重在培养孩子的技术能力，因为此阶段是技术形成的黄金期，孩子必须熟练掌握各项技术，保证技术动作的全面性、正确性，并开始进行战术素养的培养。

（3）针对15—17岁的孩子，重在培养其在激烈比赛中的竞技能力。

（4）针对17—19岁的孩子，重在激发青少年的比赛斗志，增强比赛的对抗性。

二、足球运动训练的思维性

现代足球运动向快速、整体强对抗性、攻守转换的趋势发展，许多球队（如韩国队）正是因为正确把握住了足球运动的这种变化趋势，创造了历

史。要想全面提升球员的能力，首先需要锻炼队员的思维能力，例如，在高速运动中进行观察判断、做出决策的能力。著名足球教练柯柯维奇曾发出过"肌肉是大脑的奴隶"的感慨，如今的足球训练应该注重开发球员的智力。

在儿童发育早期阶段，足球训练应该将重点放在提高孩子的兴趣上，兴趣是最好的老师，兴趣促使孩子尝试新的动作，兴趣激发孩子的创造性思维。机械的模仿、单调的重复，只会抹煞孩子的个性，约束孩子的想象空间，让他们过早丧失对运动的兴趣，难以体会足球运动的快乐。我国大多数职业球员在踢球过程中动作缓慢、机械，技术规范却缺乏灵性。许多著名足球教练对我国球员做出评价："年少时就能够看出中国足球的痕迹，接球动作较为机械，跑位、技战术安排缺乏创新。"

足球训练如果不注重培养球员的思维能力，和纯粹的田径训练没有什么不同。有干扰的局部对抗训练能够较为直观地让青少年球员感受足球比赛的氛围和特点，持球球员在有干扰的各种变异情况下，需要采取各种手段控球或将球传出，因此，需要球员具备较强的随机应变能力，在复杂的局面下快速做出最佳决策。如果一名球员具备扎实的基本功，但缺乏应变能力，那么这名球员在比赛中也是毫无用处，难以作为。应变能力的培养靠固定的训练套路是无法实现的，球员只能通过反复参与各种形式的局部对抗，来逐渐体会与感悟在不同位置、不同防守阵形下的应对方法。

足球训练可以采取更多具有创造性的方式。例如，限定球员的触球次数、要求球员在训练比赛中穿不同颜色号码的衣服、在特定方格内进行对抗练习等。鼓励教练员采用大量的比赛训练，比赛训练具有功守转化快、触球次数多等显著优势，球员的位置感、随机应变能力也能在比赛训练中得到提升。许多传统足球强国已经广泛采取了比赛训练的形式，例如，英国有专门的分隔球场，以供球员开展训练。然而我国大部分体校、业余球队几乎没有用过此种训练形式。我们需要尽快融入世界潮流，创造与采用多种形式的小型对抗训练，提升我国球员的思维。

三、足球运动训练的效率性

足球运动训练的效率性是一个非常重要的理念，因为只有训练的效率提高了，才能保证运动员训练的效果，其竞技水平才能得到有效的提升。要寻求运动训练的效率性，需注意以下几点。

（1）训练内容要丰富，训练形式要富于变化，在训练中，每一种训练形式的平均心率要保持较高的水平。

（2）要重点强调训练的质量，训练质量放在第一位，训练时间不做过分强调。

（3）训练中教练员要时刻强调训练的效率，训练效率的提升有助于球员在训练过程中保持高度注意，时刻充满激情。

第二节　青少年足球人才训练的原则与方法

一、青少年足球人才训练的原则

为了培养足球后备人才，我国应该重视青少年足球人才训练工作，提升整体足球技术、战术服务。在训练过程中，教练员需要掌握科学的理念，合理安排运动负荷，将一般训练与专项训练充分结合，针对青少年身心发育的基本特点，遵循趣味性、重复练习、系统性等基本原则，帮助青少年快速提升。

（一）趣味性原则

青少年通常容易对新奇的事物保持关注，难以做到坚持，因此，在足球训练中，教练员需要不断变化练习形式，通过穿插各种游戏达到训练目的，使训练课程变得更加有趣。坚持趣味性原则，可以提高青少年对足球训练的自觉性和积极性。

（二）重复练习原则

运动技能只有通过一遍又一遍的练习，才能发生由量变到质变的跃变，形成条件反射，形成正确的动力定型。

（三）系统性原则

青少年球员身心的良性发展，足球技战术的灵活运用，需要通过科学的系统训练才能实现。相关调查结果表明，不遵循系统性原则的训练是无效的，科学合理的系统性训练在一定程度上可以延长运动员的运动寿命。运动训练的突然中断将造成严重的后果，出现暂时性神经联系的减弱或中断，技术动作遗忘或频繁出错，战术配合生疏等各种状况。青少年球员由于自身基础较弱，缺乏对足球运动的基本认识，因此，更需要教练员长期地指导，不间断地系统性训练。与此同时，在系统性的基础训练中，需要结合球来培养孩子们的想象力和创造力。

（四）区别对待原则

每一名青少年训练对象都有自己的特点、个性，他们在身体条件、理解能力、接受能力、技术特长等各个方面均存在一定的差异。所以教练员应该做到因材施教，在训练内容、训练形式、运动负荷上遵循区别对待原则，培养出有特点、掌握独门绝技的高水平球员。

只有教练员牢固树立区别性的指导原则，才能够真正调动青少年球员的积极性，激发其创造性，让青少年球员自由发展自身个性，锻炼出独特的技能。

（五）诱导性原则

教练员应当肩负起教育球员的职责，对自己严格要求，提高思想水平、业务素养，投身于青少年球员的思想与业务指导工作之中。同时，教练员应在日常训练中开阔青少年球员的视野，鼓励青少年球员多思考，苦练、巧练相结合，提升自身的创新精神、应变能力。在球员想要偷懒的时候，要求其克服惰性，增强自觉性。

（六）循序渐进性原则

球员身体素质的提高、运动技能的形成需要依据其自身发展的客观规律，需要遵循循序渐进的原则，切不可用力过猛，适得其反。只有把握好训练节奏、力度、难度，按部就班、稳扎稳打地打好坚实的基础，青少年球员的竞技能力才能在不同时期、不同发展阶段得到全面提升。

（七）直观性原则

青少年以直观形象思维为主，形象思维发达，模仿能力强。教练员应该在训练中充分调动球员的视觉、听觉、触觉等感觉器官，从感性认识开始，逐步过渡到理性思维，最终提升自身的竞技能力。教练员在进行动作示范时，需要保证示范动作的准确性，引发青少年球员的模仿欲望，在头脑中形成正确的表象，最终掌握各种技术动作，还可以利用电视、网络等多媒体手段增强训练的直观性。

二、青少年足球人才训练的方法

足球运动的快节奏、强身体对抗、复杂性和高度的变化性决定了该项目运动训练的特殊性。

目前，我国大多数足球教师、教练员仍采用传统的方法开展训练，在训练课程的安排中，过分强调单个技术动作（例如触球、颠球、射门等）的强化，长时间进行无身体对抗的训练，严重脱离了具体的比赛情景，技术动作难以被球员真正运用到赛场中。青少年球员往往感到枯燥，缺乏自信。同时，缺乏战术意识、集体配合意识。除此之外，我国常采取无球状态下的长距离持续跑来提升足球运动员的体能，这种单一形式的有氧耐力训练使球员向耐力型运动适应性方向转化，不利于球员在足球比赛中使用爆发性强的关键技术动作，例如，急转、抢截、起脚射门等。落后的训练方法使得我国的足球事业难以实现高质量发展。

现阶段，探索更为高效、科学的足球人才训练方法已经迫在眉睫。

（一）小场训练赛

近几年，"小场训练赛"这种足球训练方法在国外流行起来，许多国家在青少年足球训练大纲中加入了此种方法，逐渐在足球技术战术训练、体能训练中居于主导地位。然而，这种训练方法在我国并不常见，我国足球教师与教练员未能真正理解小场训练赛的实质，这种方法难以在实际训练中得到有效运用，一些教练员有心尝试此法，但由于缺乏理论基础，只能流于形式，草草收场。因此，深入解读小场训练赛这种训练方法极具紧迫性与必要性，有助于我国教练员尽快认识、理解、掌握此法，科学使用此法，提高我国青少年足球人才训练的质量和效率。

1.小场训练赛的定义

接下来，将从源起、内容、特点等方面对小场训练赛这种训练方法下定义。

（1）源起。小场训练赛源于一种荷兰人发明的街头足球游戏，随后对其进行规范化操作并运用到了足球训练中。

（2）内容。小场训练赛通过营造真实的足球比赛情景而闻名，训练中包含了正规足球比赛的各种元素，例如，攻守双方、裁判、教练员、场地、进攻、防守、攻守转换等。

（3）特点。小场训练赛具有非常显著的特点：目的性强，针对性强，对场地要求不高，设计灵活。教练员可以根据自身需要，自行设计训练时间、训练模式、训练规则（包括移位规则、球门数量、得分要素等）、攻守双方对阵人数、场地大小等。

（4）理论基础。小场训练赛的理论基础主要包括两个方面：迁移理论之"共同要素说"和模型理论。

①共同要素说：小场训练赛模式与正规的11人制足球比赛的所有元素相同，所以两种模式之间能够进行迁移。

②模型理论：小场训练赛以11人制的足球比赛为原型，通过模型训练模拟真实赛场上的各种情景，帮助球员在最终的比赛中最大限度地发挥自身能力。

综上所述，我们把小场训练赛定义为：小场训练赛（Small-Sided Games，SSGs）最早源于街头足球游戏，是基于迁移理论之"共同要素说"和"模型理论"，根据教学或训练任务对足球训练元素进行设置或调控，实现训练模式与真实比赛情景最大匹配的区别于传统足球训练的特定训练方法。具有明确的目的性、训练的针对性、设计的灵活性、对场地要求低等特性及很高的实用价值。[①]

2.小场地训练赛的实践操作

小场地训练赛十分重视训练监控这一环节，教练员严密监控球员的训练过程，获取准确的数据，最终精准把控球员的状态和球员身上需要解决的问题，小场地训练赛的具体实践操作如图4-1所示。

小场训练赛中使用的试验仪器包括以下几种。

（1）全球卫星定位系统（简称"GPS"）：记录球员的跑动距离、跑动速度、加速度等。

（2）摄像机：记录球员的技术、战术指标。例如，控球传球、射门等。

（3）心率遥测系统（利用20米往返跑测球员的最大心率）：记录球员在训练或比赛中的运动强度，此系统要想发挥正常记录功能，需要与GPS一对

---

① 李虎.校园足球教学与训练方法——基于国外足球Small-Sided Games的解读[J].广州体育学院学报，2020，40（02）：124-128.

一配对。

（4）运动表现检测系统：负责对数据进行导入、分析。教练员根据球员的具体情况，进行有针对性的设置，在训练过程中实施科学监控，分析监控数据，发现问题，再针对具体问题重新设计小场训练赛，使球员的竞技水平得到逐步提升。

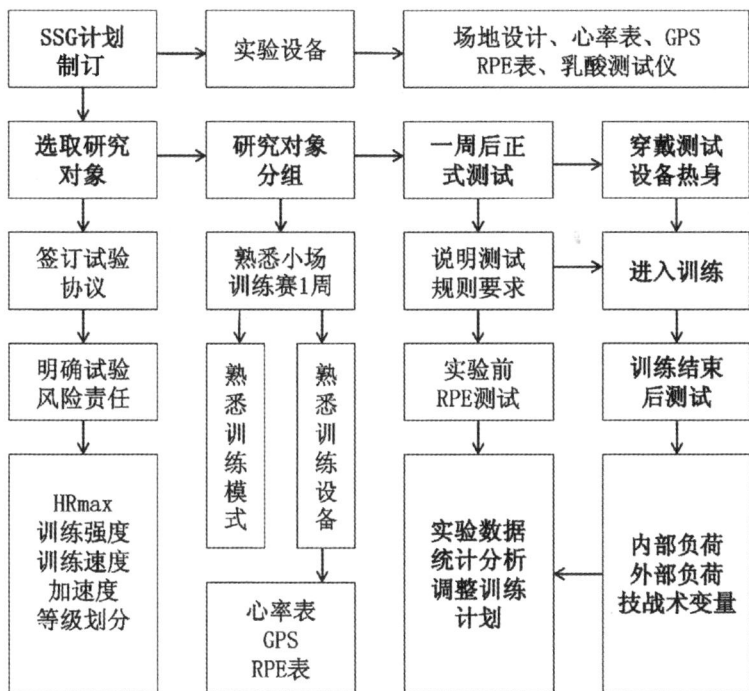

图4-1　足球小场训练赛的实践操作流程①

（二）五步训练法

法国发明的五步训练法作为一种现代的探究式训练模式，以比赛为依

---

① 李虎.校园足球教学与训练方法——基于国外足球Small-Sided Games的解读[J].广州体育学院学报，2020，40（02）：124-128.

据，以问题为导向，在一定程度上解决了实战中存在的问题，这种先进的训练模式、训练理念值得我们借鉴。

1.五步训练课结构

（1）热身对抗。五步训练法中的热身对抗在理念和方法上均与我国足球训练中使用的热身不一样。热身对抗的真正目的在于为训练拟定主题，根据主题内容开展热身对抗，赋予场地、运动员实际意义。通常情况下，教练员在训练中将球员划分为两组，两组球员拥有一致的目标，在确定好训练主题后对双方球员提出具体的要求。以控球推近训练主题为例，教练员需要要求双方球员运用控制球、传球的技术动作，在特定场区进行攻守练习。教练员可以设置三组练习时间（每组练习时间均为5分钟），在第一组练习时间内，要求球员最多三脚触球；在第二组练习时间内，只允许通过半场的球员回传一次；在第三组练习时间内，由局部练习过渡到整体练习。

在热身对抗阶段，随着训练强度、难度的增加，球员不得不逐渐加快传球速度，提升传球质量，与此同时，为了突出训练主题，无球队员也需要不断在场上跑动，做好接应的准备，不断向前推进。教练员在热身对抗结束后，采用提问的方式帮助球员发现自身在练习时出现的问题，并及时想出应对策略。

（2）协调性练习。对于青少年来说，个人的协调性十分重要，个人的协调能力影响着球员的速度和爆发力，与足球技能的发挥密切相关。因此，协调性练习是必不可少的，每节训练课都要有专门的协调性练习。在协调性练习中，通常需要使用多种器械，例如，绳梯、小栏架、跳绳等，不仅可以使用单个器械，也可以使用器械组合来开展训练。常见的协调性训练包括无球练习或有球组合练习。成人的协调性一般相对稳定，可以适当减少协调性练习的次数、时间。

（3）情景练习。情景练习的主要目的在于解决球员在热身对抗中出现的问题，提取问题情景片段，在反复的情景练习中寻找解决方案。通常来说，教练员通过观察或多年经验发现球员在热身对抗中出现的问题，在情景训练中，教练员针对具体的问题，安排球员在不同的场地区域（包括控球区、推进区、失衡区等）内进行训练。

（4）技术练习。球员在情境练习中探索出的初步解决方案需要通过技术练习环节，才能得到真正的使用。技术层面是分析问题、解决问题的关键。球员需要按照以下步骤开展技术练习。

①找到与主题相关的各项具体技术。

②简化练习方式。

③进行技术选择。技术练习根据有无防守队员可以分为两大类：分析式技术练习、适应性练习。前者是没有对手、无对抗的练习，需要球员做重复练习；后者是有对手的练习。

（5）比赛。在前四种练习的基础上，设计了比赛环节。此环节是为了检验五步训练课的训练效果，检验其实用性，看看球员能否将训练所得运用于比赛之中。因此，球员在比赛中要有明确的训练思路，根据训练主题用心体会教练员的训练意图。例如，在以控制球主题的比赛中，球员需要认真体会控球区的传切配合和跑位，以便提升整个球队的控球水平，在传接中有效地控制球，将球传向推进区并快速射门。场外的教练员最好不要中断比赛的进程，对球员有过多的限制。而是要认真观察，发现问题，在比赛后对球员进行有针对性的指导，着手设计下一阶段的训练主题。

2. 五步训练法的指导原则

（1）行为主义。行为主义的基本观点认为，学习是经过不断的强化建立起来的刺激（S）与反应（R）之间的联结：刺激→反应（S→R）。

（2）建构主义理论。建构主义理论关注学习者在特定情景中解决问题的过程。认为学习是以自身经验为基础，通过与外界的接触，建构内在心理表征的过程。

足球五步训练法与上述两种指导原则息息相关（图4-2）。在五步训练法中，协调性练习依据行为主义理论的指导原则，通过不断重复的脚步动作提高球员的协调性。技术练习中的分析性技术练习属于行为主义理论的范畴，而适应性技术练习属于建构主义理论的范畴。热身对抗练习、情景练习、比赛均以建构主义理论作为指导原则，强调主动性学习，采用模拟比赛、情景练习的新颖形式，帮助球员在比赛场景中积极探索、认真观察、发现问题，并通过教练员的指导和个人思考解决问题。

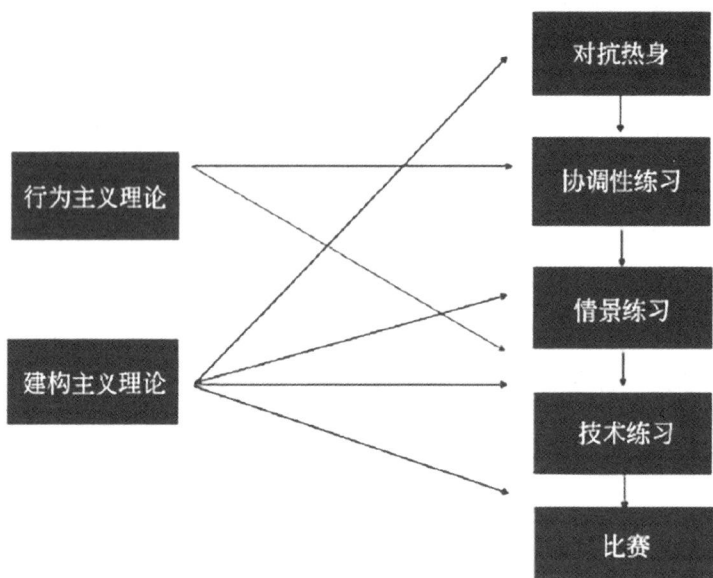

图4-2　足球五步训练法与两种具体指导原则之间的关系[①]

3.五步训练法中常用的教学方法

教练员在五步训练法中常采用主动性教学法、指令性教学法两种教学方法。

（1）主动性教学法：通过情景设置、提问等一系列方式方法，教练员鼓励球员积极观察，自行发现问题，主动思考，寻找策略的一种教学方法。主动性教学法的灵活使用能够在很大程度上提升球员在比赛中的思维决策能力。

（2）指令性教学法：为了提升球员的技术能力、战术能力，教练员在训练中要求球员进行大量有目的性的重复训练。指令性教学法通过技术、战术的大量重复练习，提高运动员的综合能力。球员的思维决策过程通过技术、战术来表现，两者之间有着十分密切的关系。

两种教学方法相互配合，使得五步训练法有更好的训练效果。指令性教

---

① 余翔.法国足球理念与训练方法研究[J].吉林体育学院学报，2019，35（05）：29-37.

学法常常运用于分析式技术练习中，而主动性教学常在适应性技术练习中被使用。

第三节 青少年足球人才训练计划的制订

足球训练计划的制订是青少年足球人才培养工作中一项非常重要的内容，计划是总结经验、开展与实施具体训练工作的基本依据，科学、合理的训练计划能够提升训练的质量，为青少年足球人才提供更好的主观、客观条件。

一、制订青少年足球人才训练计划的具体步骤

（一）明确训练计划的价值

足球训练是一项由若干子系统构成的复杂工程，要想培养出全面型的青少年足球人才，必须保证每个训练子系统之间衔接自然，实现最佳的输出效果。严谨的训练计划能够将待实现的训练目标科学地划分为一系列的训练任务，各任务之间保持相对独立和彼此联系。在各任务的指导下，将其具体化为多种形式的练习。青少年足球运动员按照要求完成相应练习，逐步实现各层次的训练任务，最终达到训练目标，成为真正意义上的足球人才。

现如今，所有足球教练都十分重视训练计划的制订，特别是在青少年足球训练中，训练计划的重要性更是不言而喻。青少年身心发育尚未成熟，个体差异明显，教练员需要开展有针对性、有侧重点的训练计划，为全面提升青少年的能力奠定良好的基础。

（二）遵循制订训练计划的依据

训练计划要想实现较好的效果，需要明确一些重要的制订依据。与此同时，因为训练对象、训练目标均存在一定的差异性，计划制订的依据应有所侧重。对于成年足球运动员来说，训练的最终目标通常是追求优异的比赛成绩；对于青少年足球运动员来说，训练的目标通常是培养人才。制订青少年足球人才训练计划时，需要顺应青少年身心发育的特点，依据青少年的智力特点、心理发育特点、身体发育特点、身体素质敏感期，在不同训练时期选择不同的训练内容、训练手段。

（三）了解制订训练计划的基本流程

尽管训练计划有许多不同的类型，但制订各种类型的训练计划均需要遵循基本的流程。整个训练计划的制订工作按照时间程序可以分为三步。

（1）了解与分析运动员的现实状况，划分具体的训练阶段并确定每个阶段的训练任务。此步骤将确定训练任务、训练指标，并在不同的训练阶段实现训练指标的具体落实。

（2）安排与规划运动负荷，选择适宜的训练手段实现运动负荷的动态变化，实现阶段性目标与总体目标。

（3）制定运动恢复方案，选择有效的运动恢复措施。

（四）合理安排训练负荷

青少年足球人才训练计划的制订需要合理安排训练负荷。安排训练负荷时，需要遵循大运动量训练原则，综合运用多种指标，例如生理、生化指标等，监控训练全程，敦促青少年球员突破自身极限，充分发挥潜能。与此同时，需要遵循循序渐进的原则，实现大、中、小运动负荷的循环交替。

训练计划的制订还需要充分考虑青少年球员的个人承受能力。训练次数、强度、时间，技术动作的难度、重复次数等多种因素相互联系、相互制约，共同决定着训练负荷的大小。

1.合理安排训练次数

尽管不同训练期对训练次数提出了不同的要求，但是每位青少年球员每周必须保证基本的训练课次。

2.合理安排训练时间

青少年球员的基础较为薄弱，技战术水平较低，因此，需要适当增加训练时间，为今后在足球项目上的发展打下坚实的基础。

3.合理安排训练强度

训练强度指有机体在单位时间内承受的负荷量。训练强度在很大程度上影响着训练的效果。一般而言，训练强度越大，机体消耗的能量越多，训练后超量恢复过程就越发明显。因此，只有训练强度足够大，才能产生训练效果，提升运动员的水平。在实际训练中，训练强度最好以接近或略超过球员最高训练强度为标准，发展青少年球员无氧系统、有氧系统的供能能力，保证球员在激烈的比赛中拥有较好的体力、耐力，达到最大跑动速度等。

训练强度有如下多种类型。

（1）极限强度训练。球员训练时承受生理极限负荷量，每分钟心率达到自身最高值（超过180余次）。

（2）大强度训练。球员训练时承受生理最大负荷量，每分钟心率达到180余次。

（3）中等强度训练。球员训练时以自身极限负荷量的70%开展练习。

（4）小强度训练。球员每分钟心率在120次以上。

二、训练计划的类型

按照训练计划时间跨度的长短，足球人才训练计划可以划分为五种不同的类型（图4-3）。下面就五种计划的具体内容、安排做较为详细的阐述。

特点	类型	时间组成
框架 → 具体 远景 → 现实	多年训练计划	2～4 a 或更长的时间
	全年训练计划	1 a
	阶段训练计划	15 d～4 mon
	周训练计划	7 d
	课训练计划	0.5～4 h

图4-3　训练计划的具体类型

（一）多年训练计划

多年训练是一种长期规划，常以表格的形式呈现，其主要内容包括持续的奋斗目标、训练任务、比赛安排等等。多年训练计划的制订需要充分反映出训练发展过程的蓝图，做到目标明确、任务具体、时间安排得当。但是因为青少年球员在成长中会发生诸多变化，所以多年训练计划的制订有一定的难度。教练员可以在不同阶段设计有侧重点的训练内容，将球员从基础训练到运动生涯结束的全程训练计划划分为多个区间训练计划（表4-1）。

表4-1　多年训练计划不同阶段的重点内容[①]

阶段划分	阶段任务	年限	训练重点内容
基础阶段	培养竞技能力的基础	4—6	协调能力，基本运动技能，一般心理品质，各种技术战术配合，基本运动素质

---

① 王崇喜.球类运动——足球[M].北京：高等教育出版社，2001.

续表

阶段划分	阶段任务	年限	训练重点内容
提高阶段	提高竞争力	5—7	足球比赛所需运动素质、实用技战术、心理品质，足球训练有关理论
创绩阶段	保持和进一步发展竞技能力	7—15	训练或比赛中心理的稳定性；训练或比赛中心理的稳定性；足球身体素质

（二）全年训练计划

在多年训练计划的基础上，制订更为详细的全年训练计划。全年训练计划通常包括球队概况、训练指导思想、具体奋斗目标、训练基本任务和手段、比赛和训练负荷的安排、训练工作的考核等多方面内容。

全年训练计划没有统一的格式，教练员通常以自己习惯的方式在表格中清楚填写上述内容。教练员根据一年中球员需要参加的比赛，对全年训练计划进行阶段性划分。不同训练周期循环进行，呈螺旋上升的趋势，前一个训练周期是后一个训练周期的基础，后一个训练周期对球员提出了更高的要求。通过周期性的训练逐渐提高球员的个人能力，帮助球员在比赛中获得好的成绩。全年训练周期可以分为准备期、比赛期、过渡期三个小周期。

（1）准备期。此阶段的任务是：在比赛前，从身心上、技术战术水平上作好万全的准备，获得良好的竞技状态。准备期持续的时间根据全年竞赛的时间安排确定。准备期内的训练重点在一般身体训练上，随后逐渐增加技术、战术训练的相关内容，加大技术、战术训练、教学比重，与此同时，增加对抗性训练和有针对性的专项身体训练。随着比赛的临近，逐渐增加身体训练的强度，并有意安排模拟对抗比赛。主力阵容通过各球员在模拟对抗比赛中的具体表现确定。比赛前一周，球员需要降低自身运动量，缩短大强度训练的时间，适当参加一些中等强度的比赛，将自身状态调整到最佳，做好赛前思想准备。

（2）比赛期。此阶段的任务是：充分发挥最佳竞技状态，力争第一。比赛期的训练（主要指两场比赛之间的训练）需要紧紧围绕球员在比赛中暴露出的具体问题展开，根据下一阶段比赛的需要，开展针对性训练，弥补技术、战术漏洞。在比赛期，球员仍需要参与素质训练，保持良好的身体状态。比赛期的训练需要做到因人而异，特别是到赛程中后期，预备队员也需要提升训练强度，随时做好准备。

（3）过渡期。此阶段的任务是：调整训练强度与训练内容，消除球员的身体疲劳、精神疲劳，为新的训练周期做好准备。过渡期内主要进行专项训练，帮助球员做出积极调整。同时，注意总结与回顾本周期球员的表现，以便更好地投入到新的训练周期之中。

（三）阶段训练计划

在全年训练计划的基础上，根据各个时期的任务、要求，将全年训练计划划分为不同的阶段，制订阶段训练计划。制订阶段训练计划时，需要注意不同阶段之间的衔接，注重系统性，同时根据实际情况不断调整、完善训练计划，使计划有较强的针对性。

与多年训练计划、全年训练计划相比，阶段训练计划的时间跨度较小，其训练内容常以表格的形式呈现。训练计划的内容主要包括：阶段性任务、运动负荷量、训练时间、具体的训练内容与时数等。

（四）周训练计划

在阶段训练计划的基础上，确定本周的训练任务、训练要求，详细地安排训练时间、内容、运动负荷。

目前，欧洲、南美一些国家以及我国逐渐采用周赛制的竞赛制度。周赛制指一周进行一场比赛的竞赛制度，为了适应周赛制，制订周训练计划成为一项重要内容。周训练计划的主要任务是：帮助运动员调整到最佳竞技状态，力争在比赛中获得优异的成绩。

1.主场、客场比赛周训练计划的特点

主场、客场比赛周训练计划的制订需要特别重视把握训练强度、选择具有连贯性的训练内容，这两者在很大程度上决定着训练质量。一般情况下，在主场有较长的训练时间，可以适当增加训练量、提升训练强度。客场训练受到多种客观因素的限制，例如，气候、环境、饮食习惯的不适应等，在训练量、训练强度等方面会有所降低。

2.连续主场、客场比赛周训练计划的安排

连续主场、客场比赛周训练计划具有较为显著的特点，球员通常在一次较大负荷的运动后，有1—3天的时间进行恢复与调整，保证在连续的比赛中维持良好的竞技状态。

教练员在确定训练计划中具体的运动量时，需要将球员在比赛日达到最佳竞技状态放在首位。众所周知，在进行不同负荷的运动后，球员达到超量恢复所需要的时间不同，因此必须科学制订训练计划，保证身体各方面的超量恢复在较短的时间内同步实现，这种做法有利于球员在比赛中取得优异的成绩。

3.过渡准备期训练计划的安排

过渡准备期指两场比赛之间具有过渡性、准备性的一段时期。过渡准备期内的训练是上一阶段的延续，也是下一阶段比赛的预备期。因此，需要根据运动员的个人情况（主要指身体状况、专项能力等）以及准备期的具体周期合理安排运动负荷，选择具有针对性的训练内容、训练方法与手段。

过渡准备期可以被划分为小过渡期、小准备期两个具体阶段，各阶段持续时间的长短受竞赛制度、总训练时长的制约。

小过渡期的持续时间通常在5天以上，受运动员心理疲劳程度的影响。小准备期的持续时间通常在14天以上，这一阶段的主要任务在于解决本队在上次比赛中出现的重大问题。

小准备期内的运动负荷强度一般维持在2—4次大强度负荷。在小准备期内，除了要考虑提高球员的机能水平外，还要考虑球员机体的恢复。以我国甲A计划为例，小准备期内的训练内容通常为：25%—40%的身体素质训练，25%—35%的技术训练，40%—55%的战术训练，具体比例可以根据球员的自身情况进行调整。在小准备期内，通常将大负荷训练课安排在周日，并且更加重视战术训练，不同队伍根据自身不同特点，调整技战术策略，最后采用模拟比赛、对抗赛的形式进行技术、战术演练。

（五）课训练计划

课训练计划是操作性最强、实践性最强、最具体的一种计划安排，相当于训练课教案。教案中需要涉及训练日期、训练时间、训练地点、训练内容、方法、手段等多项内容。

教案根据具体课程结构，通常由三部分组成，即准备部分、基本部分、结束部分。

（1）准备部分。又被称为"热身"，主要目的在于充分调动有机体的活动积极性，促进有机体尽快进入到工作状态之中。具体表现为良好的肌肉功能、心肺系统功能，注意力集中，神经系统具有一定的兴奋性，总之在身心各个方面为大强度的运动负荷做好准备。

（2）基本部分。此阶段的主要任务是完成教案中提及的各项任务要求。不同任务需要通过不同的练习方法、训练手段来实现。

（3）结束部分。此阶段的主要任务是采用一些常见的整理活动帮助有机体进行体能恢复。与此同时，教练对整堂课球员的表现做出简单的评价，帮助球员把握自身优缺点，了解团队的整体状况。及时、适当的评价有助于下一次训练课的顺利开展。

教练员在实施教案内容、开展课训练计划的过程中，需要做到以下两点。

（1）认真观察、监督球员的练习手段，根据球员的训练状态，及时调整训练课的组织形式。

（2）在训练课后做好记录，总结经验。

第四节　青少年足球人才训练效果的评价

一、分层评价在青少年足球人才训练中的应用

分层评价指向具体的课程目标，重视青少年的个体差异，强调针对基础不同的青少年，需要采用不同的评价方式，以追求足球训练的最佳效果。此评价方法对青少年学生的身心健康、社会适应能力、运动参与度、足球基本功、学习训练态度、进步程度等各方面内容做出综合、有效的评价，符合青少年的年龄特点、身心发展规律，有助于青少年形成正确的价值观，养成积极乐观、自信坚强、艰苦奋战的优秀品质。运用此种评价方法，将有效增强青少年球员的自信心，提升体育教师、教练员的教学积极性，促使球员不断取得进步。

分层评价应该包括基础性评价指标、发展性评价指标两部分内容。

（一）基础性评价指标

基础性评价以体育教学目标、足球训练目标为中心，建立评价体系，评价指标的具体内容与目标基本保持一致，通常包括身体健康、心理健康与心理卫生、课堂教学中的参与度、训练的积极程度、学生的团队协作能力、基础知识的掌握程度（如在传球过程中对球的调控）等。足球运动作为一项受人欢迎的团体性运动，需要重视对球员团队协作能力、配合程度的考察，建立起定量、定性评价机制，让青少年球员对参与足球训练抱有更大的热情。

（二）发展性评价指标

发展性评价以球员的基础技能、理论水平为基础，是对动作完成程度的

具体评价，例如评价球员在绕杆射门过程中的射门力度。足球教师、教练员需要根据个体差异，制定细化的评价标准。

（三）在足球训练中应用分层评价的具体案例

分层评价经常运用于足球训练之中，通过个性化的分析、有针对性的评价标准，燃起了青少年学习、训练的热情，真切感受到了体育的魅力，积极参与到课堂教学与日常训练中，掌握基本技能，为日后更加深入的学习与训练打下坚实的基础。

接下来，通过几个实例来具体分析分层评价制度在足球训练中的应用。

案例一：

对于身体素质欠佳、足球基础薄弱，对足球教学、足球训练、团队对抗赛等具有畏惧、在训练课上频繁出现躲球、运球偏差的学生，体育教师、教练员可以根据其之前的运动表现，在训练中适当放宽对他们的要求。例如，教练员不要求这些学生抢球的第一落点，而是对简单、易于控制的动作提出较高的要求，要求其从球的第二落点开始控球，之后再传球。通过降低学生的评价标准，帮助学生一步步克服心理障碍，攻克技术、战术难关。教师的评价与及时的肯定对学生有着非常重要的作用。

案例二：

对于身体素质好、热爱体育运动、足球基础扎实的学生，体育教师、教练员要提升评价标准，对他们提出更高的要求。这类学生通常具有较强的表现欲，能够在团队中发挥核心作用，体育教师、教练员要利用好这些优势，指导这类学生做好团队领导、协调工作，在对抗比赛中充分发挥自身水平，实现自身才能。与此同时，体育教师、足球教练员可以为他们安排额外的课后作业、训练课程，帮助他们进一步提升身体素质、技术水平。

二、从基本技术、身体素质方面对训练效果进行综合评价

（一）基本技术、身体素质指标的筛选

有相关专家计算了基本技术、身体素质、运动训练三者之间的相关系数，发现三者之间存在着紧密的联系，而且相较于基本技术，身体素质对运动训练水平的影响更大。通过具体的测试项目、基本技术指标、身体素质指标的信息结果可以对青少年足球人才训练的效果进行有效评价。有相关专家利用逐步回归、多元回归、偏分析等多种科学方法对基本技术、身体素质的相关指标进行筛选，确定了包括11项指标在内的典型测试项目（表4-2）。

表4-2　足球训练评价指标分类[①]

类别	入选指标	代表能力方面
基本技术	跑动颠球	球性
	往返运球	控制球
	传接球	跑动中传接
	接趟球射门	射门
	铲球	抢断球
	争顶	争抢空中球
身体素质	30米启动跑	快速启动及短距离
	20米绕杆跑	灵敏性
	25米见线往返跑	速度耐力
	十级跳	下肢力量及全身协调用力
	12分钟跑	耐力素质

① 宋澎，麻田雷.对我国优秀少年足球运动员基本技术、身体素质、训练水平的综合评价[J].北京体育学院学报，1993（02）：81-84.

（二）基本技术、身体素质两项综合指标回归方程的建立

将每个人六项基本技术指标、五项身体素质指标的各项原始分数初步换算成标准百分数，再按类别进行合并，分别算出平均数，将其作为青少年球员基本技术、身体素质训练水平的综合指标，随后进行二元回归计算，得出具体方程式（表4-3）。

表4-3　二元回归方程

引入方程的项目	回归方程
X_1 基本技术综合指标	$Y = 50.30655+0.1391\ X_1 +0.4383\ X_2$
X_2 身体素质综合指标	

（三）基本技术、身体素质评价标准的制定

根据正态分布理论，有关专家制定出了与基本技术、身体素质11项指标相关的单项评价标准，将平均数周围占总体50%的频数定为中等；高于中等占总体25%的频数定为上等；低于中等占总体25%的频数定为下等（表4-4）。

表4-4　基本技术、身体素质单项评价标准[①]

	颠球	运球	传接球	接趟球	铲球	争顶	30米跑	20米绕杆	25米折返	十级跳	12分钟跑
上	80—100	64—100	64—100	64—100	64—100	64—100	64—100	64—100	64—100	64—100	64—100
中	28—78	36—62	36—62	36—62	36—62	36—62	36—60	36—62	36—62	36—62	36—62
下	26—0	34—0	34—0	34—0	34—0	34—0	34—0	34—0	34—0	34—0	34—0

除了单项评价标准，有关专家制定出了基本技术、身体素质及运动训

[①] 宋澎，麻田雷.对我国优秀少年足球运动员基本技术、身体素质、训练水平的综合评价[J].北京体育学院学报，1993（02）：81-84.

练水平综合评价标准。其设计理念、制作方法与单项评价标准基本一致（表4–5）。

表4–5　基本技术、身体素质及运动训练水平评价标准

	基本技术 X_1	身体素质 X_2	运动水平 Y
上等	>61.34	>61.34	>83
中等	<61.34	<61.34	<83
	>38.66	>38.66	>75
下等	<38.66	<38.66	<75

第五章　青少年足球人才体能训练研究

　　体能素质是足球运动员最重要的运动素质之一，尤其是在当今足球竞赛朝着越来越激烈的方向发展之后，体能素质在比赛中的重要性更加突出。青少年时期的训练具有为足球运动员后续的发展打基础的作用，只有前期形成坚实的基础，才能在之后获得顺利的发展，因此对青少年足球人才进行科学合理的体能训练十分重要。本章将对青少年足球人才体能训练进行研究和阐述，具体将从体能训练概述、影响青少年足球人才体能发展的因素、一般体能训练方法和指导、足球专项体能训练方法与指导四个方面展开。

第一节　体能训练概述

一、体能训练的概念

体能训练是一项正在形成过程中的学科，目前国内外关于体能训练的概念尚未有一个统一的定义，下面我们将列举一些国内外专家关于体能训练概念的观点，以供参考。

根据国外专家的观点，他们认为体能训练应该包含三个方面的内容，分别是：Training，即在运动生理学、运动生化学以及医学等相关学科的有关原理指导之下，所进行的提高机体对训练负荷和比赛负荷适应能力的训练；Coaching，运用生物力学和专项理论知识所进行的技术、战术训练；Conditioning，应用心理学、营养学以及管理学等学科的相关原理使运动员处于最佳的竞技状态。[①]

我国部分学者认为，体能训练是指"采用各种特定的方法和手段，全面提高运动员的各生理系统的机能和代谢水平，改善运动员的身体形态以及发展其运动素质和健康素质，从而使运动员的机体适应训练负荷和比赛负荷的专门身体训练"。

根据以上两种观点，我们可以基本上总结出体能训练的定义：体能训练是，结合专项需要并通过合理负荷的动作练习，以改善运动员身体形态，提高有机体各器官系统机能的活动能力，充分发展运动素质，促进运动成绩提

---

① 王向宏.体能训练理论与方法[M].北京：北京航空航天大学出版社，2010.

高的训练过程。

二、现代体能训练的结构分析

图5-1为现代体能训练的结构图。

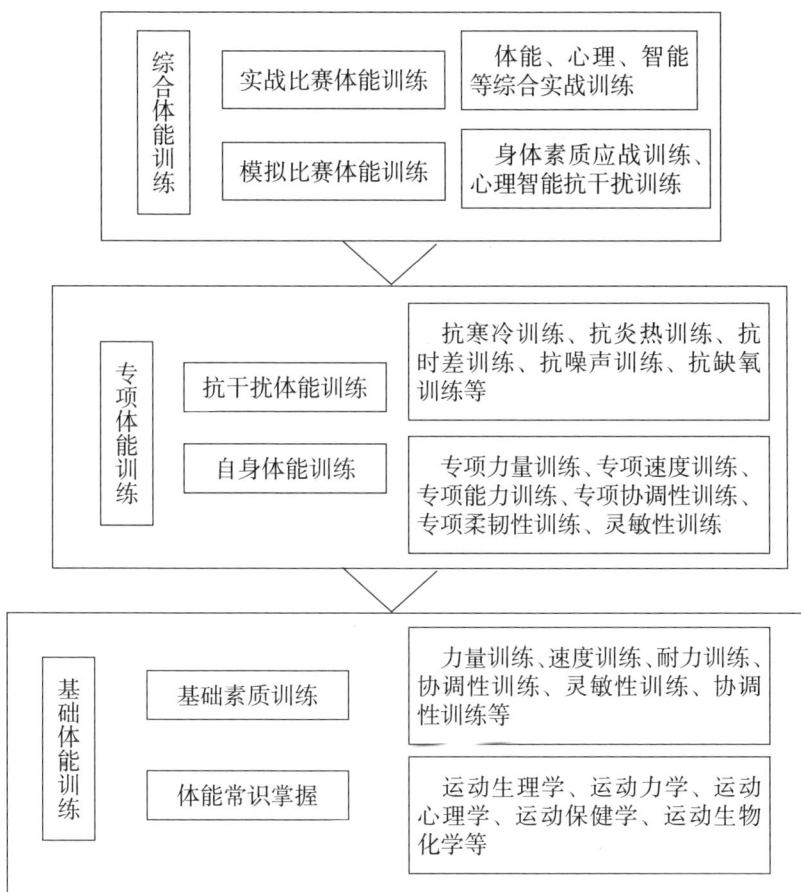

图5-1　现代体能训练结构构成[①]

---

① 杨卓.现代运动训练内容分析与创新方法研究[M].北京：中国商务出版社，2017.

由图5-1我们可以看出，体能训练主要包含三个层级的内容，分别是基础体能训练、专项体能训练和综合体能训练。

其中，基础体能训练是整个体能训练结构的基础，其训练内容比较全面，包含力量素质训练、速度素质训练、耐力素质训练、灵敏素质训练、协调素质训练等。基础体能训练是最先开始的训练，为后续的体能训练、技战术训练奠定基础。

专项体能训练是体能训练的核心，特点是将体能训练和运动专项或者一些行业（警察、军人等）的特点结合起来，重点发展运动专项或者职业需要的体能素质，具有较强的针对性和指向性。专项体能训练又包含两个方面的内容，分别是自身体能训练和抗干扰体能训练。自身体能训练是指只结合运动专项或者职业的需求开展的体能训练，比如篮球体能训练、足球体能训练等；而抗干扰体能训练是指在运动专项或者职业需要的基础上，再结合环境等干扰因素而进行的体能训练，比如针对高原环境进行的体能训练、针对雨雪天气进行的体能训练等。

综合体能训练是在基础体能训练和专项体能训练之后进行的一种体能训练，其特点是将体能训练与实战比赛或者行业工作相互渗透、合为一体，真正使体能训练达到熟练化、强化、内化的目的。综合体能训练是一项对体能素质要求比较高的训练方式，只有做好前两个阶段的体能训练才能达到参加综合体能训练的要求。

三、体能训练的作用

（一）促进身体健康

体能训练具有改善运动员身体健康状况的作用，而良好的身体健康状态是运动员进行运动训练和比赛的必要条件。首先，体能训练能够增强运动员心血管系统以及呼吸系统的功能；其次，体能训练能够改善运动员骨骼、肌肉、韧带、肌腱等各部位的状态，增强其活性，提高其健康水平；最后，体能训练还有助于提高运动员的代谢水平，使运动员的代谢能力增强，从而增强运动员的环境适应能力和免疫能力。

（二）发展竞技能力

竞技能力是指运动员参加竞技比赛所必须的能力，主要包含体能、技能、心理能力三个部分（具体内容如图5-2所示）。体能是竞技能力的重要组成部分，主要包含力量素质、耐力素质、速度素质、协调素质、灵敏素质、柔韧素质等。只有促进各项体能素质协调发展，全面提高体能水平，运动员才能最大限度地发挥自己的运动潜能，取得优异的比赛成绩。体能训练的作用之一就是促进运动员体能水平的提高，使运动员具备更加高超的竞技能力。

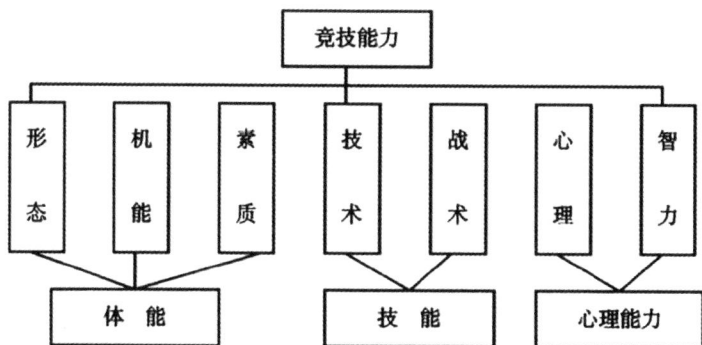

图5-2　竞技能力的内容[①]

（三）增强机体的负荷适应能力

随着竞技运动发展的深入，现代竞技比赛的激烈程度和复杂程度不断提

① 康利则，马海涛.体能训练理论与方法[M].西安：陕西人民出版社，2010.

升，相应地，对包括体能在内的各项竞技能力的要求也越来越高。这也就意味着，运动员必须通过体能训练不断增强机体的负荷适应能力，提高各项体能素质，才能在竞技比赛中占据优势。

体能训练是一个循序渐进的过程，运动员承担的运动负荷由小及大的规律不断增加，而运动员的机体在这个过程中会发生一种生物适应现象，即机体功能随着运动负荷的加大而增强，继而更好地适应运动负荷。在合理的范围之内，对运动员机体施加的运动负荷越大，运动员机体产生的反应越激烈，机体功能的增强也就越明显。

科学的体能训练能够在生物适应现象原理的指导之下，逐渐增加运动员的体能训练负荷，促使运动员的机体功能不断发生变化，增强运动员的机体负荷适应能力，为运动员各项体能素质以及运动技能的提升奠定基础。

（四）促进专项竞技水平的提高

体能训练的内在逻辑在于它是一环接一环的，前一阶段的练习是后一阶段的基础，同时体能训练和其他竞技能力的发展也具有紧密的联系。

体能训练的第一个环节是基础体能训练，也被称为一般体能训练，目的是发展一般运动所需要的体能素质。基础体能训练达到一定成果之后，将会开展专项体能训练，目的是结合专项运动的特点和需求发展专项运动所需要的各项体能素质。一般体能训练是专项体能训练的基础，只有通过一般体能训练，运动员具备一般运动的体能素质以及适应一定的训练负荷，才能更好地开展专项体能训练。而体能训练和其他竞技能力发展之间也有着紧密的联系，体能素质为运动员运动技能和心理能力的发展奠定了基础，不进行体能训练而直接进行运动技能和运动心理训练是不符合竞技能力发展的规律的。体能训练是运动员专项竞技能力发展的首要条件，只有通过体能训练提高运动员的各项体能素质，才能为后续的运动技能、心理能力发展奠定基础，全面提高运动员的专项竞技水平。

此外，体能训练对于延长运动员运动能力的保持时间也具有重要的作用。体能训练能够深刻改变运动员的身体形态，提高运动员机体的负荷适应能力，提高运动员的各项体能素质，这些都能有效阻止运动员运动能力的退化，延长运动能力的保持时间。

　　表5–1列举了几位世界知名运动员的体能水平和他们取得的专项运动成绩的相关数据，能够充分显示体能水平和专项运动成绩以及运动能力保持时间之间的关系。

表5–1　世界知名运动员体能水平和专项成绩之间的关系[①]

姓名	专项成绩	身体训练水平	创造并保持优异成绩年龄（岁）	备注
欧文斯（美国）	100米：10.2秒 200米：20.7秒 跳远：8.06米 4×100米接力赛：39.8秒	15岁时的跳高成绩达到1.90米； 大学时分别是篮球代表队的队长和棒球队的队员	22	第十一届奥运会在4个运动项目上取得金牌； 曾经在45分钟的时间内打破5项、达到1项世界纪录； 12、13届奥运会因为二战停办，因此未能继续在奥运会上创造优异成绩
刘易斯（美国）	100米：9.86秒 200米：19.8秒 跳远：8.91米 4×100米接力赛：37.5秒	一般体能训练水平超群	21—35	在23届—26届奥运会上共获得9枚金牌； 创造过跳远、100米跑、4×100米接力跑的世界记录
张伯伦（美国）	100米：10.9秒 400米：47秒 跳高：2.02米	20世纪50年代末—79年代初世界著名职业篮球中锋，身高2.16米； 技艺非凡，运动水平出类拔萃	22—38	4次被评为美国最佳运动员，连续7年获全国最佳篮手称号； 1962年全年平均得分50.4分，并在一场比赛中一人独得100分； 1971年投篮命中率为72.7%，均创世界最高纪录。
阿列克谢耶夫（苏联）	三项总成绩：640（推235+抓175+挺230）千克； 两项总成绩445（抓187.5+挺257.5）千克； 100米：11秒 跳高：1.90米	苏联国家青年排球队后补队员	23—36	第20—21届奥运会特重量级举重冠军，先后82次打破推举、抓举、挺举和总成绩世界纪录。

① 杨世勇.体能训练学[M].成都：四川科学技术出版社，2002.

第二节　影响青少年足球人才体能发展的因素

一、先天因素

先天因素主要指的是遗传因素，它是构成机体潜在特征的要素，在个体的生长发育中起着关键性的作用。遗传因素能够从体型、长相、性格、智商、疾病等各个方面影响到人的生长，因而也是影响人的体能发展的重要因素。以智商为例，曾经有科学家对245位被收养者进行长达7年的研究，并发现一个现象：有些被收养者即使被智商很高的养父母收养，但是其最终的智力水平还是和其亲生父母的智商相近，养父母智商水平对其的影响一般只在3—4岁之前有效，之后就是遗传因素在起主导作用。

但是先天因素并不是影响人的发展的决定性因素，遗传程度在一定程度上会受到环境的影响，遗传变异也是非常常见的事情。以人的体形为例，在良好的物质环境下生长的子女，其身高一般会超过父母。相应地，如果子女处在恶劣的生长环境之下，父母遗传的各种优质因素也可能无法发挥出来，子女朝着退步的方向发展。

因此，尽管先天遗传因素是影响青少年足球人才体能发展的重要因素，但是只要为其创造一个良好的运动训练环境，后天的影响同样能促进其各项体能素质的良好发展。

二、后天因素

（一）环境因素

1. 自然环境因素

自然环境因素是指自然界中的各种介质，比如空气、水、土壤、阳光等，这些和人类的生产生活息息相关，是人类进行生命活动的物质基础。

自然环境能够从多个方面影响人的生长发展，比如生活在热带的人和生活在寒带的人相比，具有发育时间早、发育速度快、寿命较短等特点。再以儿童为例，春季儿童的发育以身高增长为主，而秋季儿童的体重增长比较快。一般来说，环境优美、气候适宜的自然环境能够从身心两方面利于人的生长发展，使人心情愉悦、内分泌协调、精力充沛。但当外界环境受废气、废水、粉尘、噪声和振动等公害污染，或气候的酷暑严寒、空气湿度、温度、气流、气压的突变，环境刺激超过机体的适应能力时，机体与外界环境之间的平衡被破坏，人体健康就会受到影响，将会出现病理状态。

2. 社会环境因素

社会环境因素主要包含两个方面的内容：其一为社会组织结构，即家庭、工作单位、医疗保健设施以及其他社会集团；其二为社会意识结构，即政治思想、道德观念、风俗习惯、文化生活以及政策法令等。这些因素都有可能从不同的方面对人的生长发展产生有益或者有害的影响。

青少年足球运动员接触的社会环境主要为家庭环境和运动队的环境。就家庭环境来说，家庭环境对人产生的影响是最直接、最深远的，家庭结构、家庭经济条件、父母的文化水平、父母以及父母和子女之间的关系、父母的性格等因素都会对青少年产生一定的影响。一般来说，生长在家庭关系和谐、父母开明民主的家庭环境中的青少年，一般会更加自信、有安全感；而生长在缺少关爱和温暖的家庭环境中的青少年一般性格会比较独立但是相对内向孤僻。

就运动队的环境来说，运动队的经济条件、教练的能力水平、教练的训练风格、队友之间的关系等，都会影响到青少年足球运动员的发展。以教练的能力水平为例，能力较高的教练员能够以身作则，让运动员感受到足球运动的魅力，最重要的是能够以科学的训练方法和训练手段对运动员进行专业的指导，提高运动员的竞技能力水平。

（二）心理因素

心理因素也是影响人的生长发展的重要因素，人的心理可以通过其外在形态以及外在行为表现出来。积极的心理状态会让人精神焕发，行动力增强，对于体能训练具有积极的推动作用；而消极的心理状态会让人精神萎靡，行动力减弱，严重的状况下还有可能发展成各种疾病或者导致人们产生自残、自杀等行为，不利于体能训练的开展。

关于心理健康的评价标准，主要包含以下几个方面的内容。

（1）正确的思维方式。思维方式能够影响到人的心理状态，采用哪种思维方式一般就能形成相应的心理，因此思维方式是心理健康评价的第一指标。

（2）较强的现实适应能力。适应能力包含生理适应能力和心理适应能力两种，生理适应可以在一定理论的指导下达成，但是心理适应目前尚未有较好的解决办法。

（3）健康的人际关系。人际关系也是评价人的心理状态的重要标准之一，拥有健康心理状态的人应该能和别人和睦相处。

（4）正确的自我定位。处于健康的心理状态的人应该能够充分了解自己，知道自己的缺点和长处，正确评价自己，找准自己的定位。

（5）稳定的情绪和心理。情绪起伏变化比较小，很少处于极端的心理状态。

（6）能够适应团体生活。无论是在家庭、班级、训练队还是其他的团体之中，都能很好的适应团体的生活。

（7）稳定的社会环境。稳定的社会环境也是形成健康的心理状态的重要因素之一，减少外界的刺激能够使人处于比较稳定、良好的心理状态。

（三）营养因素

营养是人生长发育的基础，是增强体质、提高健康水平的必要条件。人体所必须的营养包括糖类、脂肪、蛋白质、维生素、矿物质和微量元素几大类，必须要保证合理摄入每种营养元素才能促进人的健康发展。其中，由于人们对维生素和微量元素的了解比较少，因此尤其要注意这两种营养物质的摄入。

维生素是维持人体生命和正常功能必不可少的营养素，一旦供给量不足，人体正常的代谢和生理功能就会受到影响，严重的情况下还会患上维生素缺乏症。比如维生素D能够促进人体钙的吸收，对人的骨骼生长具有重要作用，一旦摄入量不足就容易导致佝偻症、软骨症等病症；而维生素A对维持人的正常视力具有重要作用，一旦缺乏就容易导致干眼病、夜盲症等病症。微量元素也和人的发展有着紧密的联系，比如铁元素就是构成人体红细胞以及一些代谢酶的重要成分，体内铁元素的缺乏可能会导致人患上缺铁性贫血等病症。

此外，影响青少年足球人才体能发展的因素还包括生活方式因素、体育锻炼因素、卫生保健设施因素等，这些因素也同样会对足球运动员的各项体能素质发展产生重要影响。体能水平的提高是各方面综合努力的结果，应该以上述影响因素为切入点，做好各方面的保障工作，以求实现理想的体能训练效果。

第三节　一般体能训练方法与指导

一、力量素质训练方法与指导

（一）侧卧推举

1.动作要领

（1）身体平躺在健身器材的躺板上，头部靠近健身器材的杠柄，肩部与杠柄垂直。

（2）双脚自然置于地面，两臂弯屈，两手握住健身器材的杠柄。

（3）做推举动作时，两只手肘向内合并，两臂用力将器械向上推举，直到双臂伸直方可结束动作。

（4）达到双臂伸直的程度之后屈臂将健身器材恢复到开始时的位置，整个过程记为一次侧卧推举。

2.注意事项

（1）注意根据自己的实际状况，循序渐进的加大训练负荷。

（2）推举时两臂必须要完全伸直才算动作合格。

（3）臀部必须始终放在躺板上。

（二）深蹲起立

1.动作要领

（1）准备姿势

双脚分开站立，两脚之间的距离和肩膀的宽度一致；双眼平视前方；双臂自然垂放在身体的两侧。

（2）下蹲动作

上体始终保持正直的状态，双腿做下蹲动作，下蹲的程度要达到大腿和小腿之间形成的夹角小于直角。

（3）起立动作

双腿恢复到伸直状态，双臂自然下垂置于体侧，即重新变回开始时的准备姿势。

2.练习方法

（1）负重半蹲起立

身体在负重的情况下做半蹲起立动作，蹲下时大腿和小腿之间形成的夹角的角度为90°—120°。

（2）负重深蹲

将重物放置在颈后肩上，上半身始终保持挺直的状态不变，双腿做深蹲动作，蹲下时大腿和小腿之间形成的夹角的角度要小于90°。

（3）借助高台连续跳

可借助高台或者楼梯进行单脚交叉或者双脚的连续跳跃，跳跃过程中腿需充分的蹬伸。

（三）俯卧背起

1.动作要领

（1）准备姿势

身体呈俯卧姿势，双腿并拢且伸直，在双脚或者踝关节处借助外力帮助其固定，双手放置在脑后或者胸前，两手手指交叉固定。

（2）练习动作

充分发挥腰部和上半身的力量将上半身抬起并尽力后仰，达到极限之后恢复到开始时的姿势。

2.练习方法

（1）"两头起"

不再借助外力将下半身固定住，练习者同时抬起身体的两端，使身体的两端都往反方向做折叠动作。动作的幅度不必太大，但是频率要快。

（2）"负重鞠躬"

双脚分开站立，两脚之间的距离稍微大于肩宽；

双手合并同时手指相互交叉，以抱头的姿势置于脑后；

双腿和双手保持该姿势不变，同时负重做鞠躬动作，要求尽量做到90°鞠躬。

（3）"悬空背起"

身体俯卧在某种器械或者工具上，使上半身处于悬空状态，然后做仰卧背起动作，可以通过负重等方式增加训练的难度。

二、速度素质训练方法与指导

（一）长距离间歇跑

1.练习距离

根据自己的体能素质和发展需要具体制订，一次练习的距离可以是150米、200米、400米、500米等任意距离。

2.练习组数

一组包含2—3次练习，根据自己的具体状况确定练习组数。

（二）短距离间歇跑

1.练习距离

60米、80米、100米任选。

2.练习强度

按照60米、80米、100米的练习距离，练习强度依次是个人能够承担的最大负荷量的95%、90%、85%。

3.间歇时间

两次练习之间的间歇时间为90秒，两组练习之间的间歇时间为5分钟。

（三）长、短距离相结合的间歇跑

例：进行（300米+100米）×3组的练习，每个300米结束之后，休息30秒，然后全速跑100米，两组练习之间的间歇时间为6分钟。

（四）各种距离的反复跑

设置合适的间歇时间，根据自己的需要决定是否让机体充分恢复，然后进行重复练习。例：
①60米×3+80米×2+100米+80米×2+60米×3；
②150米×3+200米×2+300米×2。

（五）各种距离相结合的变速跑

变速跑最开始的练习以完成规定的练习量为主，之后可以加大某一段快跑的距离，练习者达到一定水平之后还可以对所有的快跑阶段都提出更高的要求。例：
①300米快跑+200米慢跑+200米快跑+150米慢跑+150米快跑+100米快跑+100米慢跑+100米快跑+150米慢跑，建议每次进行2—3组练习，两组练习之间的间歇时间为8—10分钟。
②200米快跑+200米慢跑+150米快跑+150米慢跑+100米快跑+100米慢跑+100米快跑，建议每次进行2—3组练习，两组练习之间的间歇时间为6—10分钟。

（六）越野跑

可以将练习的地点设置在野外，还可以利用速度游戏的方式进行练习，如"加速跑—变速跑—放松跑"组合练习。越野跑能够增加练习的趣味性和灵活性，激发训练热情。其中，加速跑的练习强度为个人最大负荷承担能力的80%—90%，练习距离为20—50米，还应该适当缩短慢跑的距离，以保证练习效果。

三、耐力素质训练方法与指导

（一）发展肌肉耐力

1. 立卧撑

（1）动作要求

身体呈站直状态，双手自然下垂在身体两侧；做下蹲动作，同时用双手撑地；双手始终撑地，双腿向后伸直，身体变成俯卧姿势；收回双腿，恢复成蹲姿，双手依旧撑地；站起直立，恢复到开始时的姿势。

（2）练习强度

30次动作为一组，每次练习4—6组；两组练习之间的间歇时间为5分钟。

2. 重复爬坡跑练习

练习坡度大概在10°—20°，坡长大概为200—300米；

训练负荷为个人最大承担负荷的60%—70%；

一次爬坡为一组，每次进行5—6组练习。

3. 原地高抬腿跑

站在原地做跑步动作，跑步时尽量将腿抬高；

左右腿都完成动作记为一次，一组包含100—150次动作，每次练习6—8组；

两组练习之间的间歇时间为2—4分钟。

（二）发展无氧耐力

1. 反复变向跑

根据听到的信号向指定的方向快跑，指令为前、后、左、右，四个方向为一组，一组内的方向顺序可以任意调换；

每个方向的跑步距离为20—30米，每次进行3—5组的练习。

2.反复折返跑

确定一条跑步路线，在路线的起点和终点做上标记；

进行来回折返跑练习，来回跑两趟记为一次练习；

一组包含4—6次练习，每次练习4—6组；

练习的强度为个人能承担最大负荷的60%—70%。

（三）发展有氧耐力

1.定时跑

确定跑步练习的时间，比如15分钟，30分钟，1个小时等；

可以根据自己的需要和喜好自由选择练习的场地，可以是专业的田径训练场，也可以是在野外；

练习强度为个人能够承担最大负荷量的50%—60%。

2.定距跑

确定练习的距离，比如1公里，2公里等；

可以根据实际状况调整跑步的速度，比如规定用10分钟的时间跑完3公里等。

3.各种长时间练习

进行各种运动的长时间练习，比如长时间的跑步练习、自行车练习、球类运动练习、游泳练习等；

练习强度为个人能承担最大负荷量的40%—50%。

四、柔韧素质训练方法与指导

（一）发展手指、手腕柔韧素质

（1）两手交握，两臂翻转并高举过头顶，手心朝上。

（2）手腕屈伸、绕环。

（3）两手手指交叉相握，分别用力推对方的手指，使手指尽量向后翻转。

（4）做抛物、接物练习。

（5）借助墙壁等外力做推手练习。

（二）发展肩关节柔韧素质

（1）借助单杠、双杠、吊环等器材，做悬垂、负重悬垂、悬垂转体等练习。

（2）同伴一只手向后拉练习者的一只手臂，另一只手向前用力推练习者的背部。

（3）面对肋木单、双臂压肩。

（4）双手扶平衡木压肩。

（5）借助各种健身器材做压肩、拉肩练习。

（三）发展脊柱柔韧素质

（1）练习者两腿分开站立，两臂伸直并保持与地面平行，做转体练习。

（2）站立做体前屈练习，尽量将上半身向下压，使手掌能够到地面。

（3）两人背部相对站立，轮流将对方背起。

（4）练习者跪立，手臂向前伸直并贴于地面，上半身尽力下压，反复练习。

（5）躯干做侧上、侧下转动或腰部绕环练习。

（四）发展下肢柔韧素质

（1）各种劈腿、踢腿、压腿、摆腿练习。

（2）跪坐向后倒拉腿前群肌肉。

（3）各种屈、伸足踝关节的练习。

（4）栏侧跑动中起跨腿的反复过栏、下栏动作练习。

（5）站在高栏架侧面，一条腿向外摆、向内摆，改善髋关节的灵活性。

五、灵敏素质训练方法与指导

（1）前手翻、后手翻、侧手翻练习。

（2）前空翻、后空翻练习。

（3）前后方向的空中360°转体练习。

（4）弹网垂直跳、弹网前后空翻、弹网背弹转体练习。

（5）跳绳练习。

（6）各种球类运动练习。

（7）有助于灵敏素质发展各种游戏活动。

六、协调素质训练方法与指导

（1）进行各种变速练习，比如采用变速跑的方式进行跨栏练习、变速跑抢球等。

（2）进行各种变向练习，比如根据指令向不同的方向做各种动作、跑、跳等。

（3）转换部位进行练习，比如根据口令用左手或者右手接球、运球等，根据指令用左脚或者右脚接球、踢球等。

（4）做一些违反常规动作习惯的练习，比如倒向或者侧向的跳跃、跑步练习，镜面动作练习等。

（5）借助平衡木等工具进行练习。

（6）加大干扰因素进行练习，比如在山地中骑自行车、在有海浪的水域中进行游泳或者赛艇训练。

第四节　足球专项体能训练方法与指导

一、足球专项力量素质训练方法与指导

（一）发展颈部、上肢和肩背力量的练习

（1）用双手固定头部给颈部转动增加阻力，以发展颈部的力量。

（2）做俯卧撑练习，可以借助健身球、重物等加大练习的难度。

（3）借助单杠做引体向上练习。

（4）采用各种姿势做卧推练习。

（5）利用杠铃、哑铃或者其他重物做举重练习。

（6）借助哑铃、杠铃或者其他重物做俯身负重提拉练习。

（7）手提重物，俯身划动手臂练习。

（8）两人一组，面对面而坐，双腿分开，做抛接实心球练习。

（9）坐在健身球上做各种姿势的杠铃颈后推举练习。

（二）发展腰腹力量的练习

（1）转体仰卧起坐练习，即在每次起身时加一个转体动作。

（2）举腿仰卧起坐练习，即在每次下落时加一个举腿动作。

（3）身体保持侧卧姿势，做体侧屈、双腿上举练习。

（4）身体保持俯卧姿势，用腰腹力量尽力将上半身向上抬并向后弯屈，也可以同时加上举腿动作加大练习难度。

（5）跳起在空中做转体或者头顶球动作。

（6）展腹跳练习。

（7）肩膀负重的情况下做转体动作练习。

（三）发展腿部力量的练习

（1）各种形式的跳跃动作练习，比如负重跳、多级跳、跳深、助跑跳等。

（2）负重做半蹲动作或者提踵动作练习。

（3）摆腿动作练习，可以通过加快动作频率、加大动作阻力或者进行负重练习。

（4）远距离传球、射门练习。

（5）骑人提踵练习。

（6）负重的同时双腿交叉做剪刀状并下蹲，两腿之间分开的距离较小时主要锻炼的是股四头肌，两腿之间分开的距离较大时能够锻炼到股四头肌、股二头肌和臀大肌，可以根据自己的锻炼需求进行调整。

（7）悬垂举腿练习。

二、足球专项速度素质训练方法与指导

（1）进行各种姿势的起跑练习，以提升起跑速度，每次练习的距离为10—30米。

（2）一边做高速的跑步或者运球等动作，一边根据教练的指令转变方向、急停、换姿势等。

（3）采用不同的跑步方式进行练习，比如变速跑、高抬腿跑、牵引跑等。

（4）全速运球跑、变速变向运球跑

（5）绕杆跑、运球绕杆。

（6）结合运动战术进行速度练习。

（7）利用具有趣味性的抢球游戏进行练习，如下：

将练习人员分成两队；确定一条中间线，两队分别面对面站立在距离中间线10米的地方；然后在中间线上每隔2米处放置一个足球；两队的队员在听到教练的指令之后快速出发抢球，抢到足球数量多的队伍获胜。

（8）提高动作速度的练习，也就是通过长时间的高速练习帮助肌肉建立动作记忆，形成快速动力定型，比如各种传接球练习等。

三、足球专项耐力素质训练方法与指导

（一）有氧耐力训练

1.有氧耐力训练方式

（1）持续训练法

练习强度为个人最大负荷量的40%—60%，每次练习的距离为5000—10000米，持续的时间需要在25分钟以上。

（2）间歇训练法

根据脉搏的跳动频率来评价练习的强度，当脉搏跳动频率为150次/分钟时练习效果较好；

每次练习持续的时间为30—40秒；

练习者心跳频率恢复到120次/分钟时既可以开始下一次的练习，不需要完全恢复；

每次的练习量为8—40次练习（即一组）。

2.有氧耐力训练具体方法

（1）不同距离的跑步练习，比如3000米跑、5000米跑、8000米跑等。

（2）定时跑，比如15分钟跑、30分钟跑等。

（3）穿足球鞋进行长距离跑练习，提高比赛适应能力，以确保能在赛场上正常甚至超常发挥。

（4）100—200米间歇跑练习。

（5）400—800米变速跑练习。

（二）无氧耐力训练

1.无氧耐力训练方式

无氧耐力训练常用的训练方式主要是大强度间歇训练法，其具体内容如下。

（1）训练强度

个人最大负荷量的80%—90%，脉搏跳动频率大概为180次—200次/分钟。

（2）间歇要求

运动员脉搏跳动频率恢复到120次/分钟左右即可继续进行练习，不需要机体完全恢复。

（3）练习量

一组包含12—40次练习，每次进行1—2组练习即可。

2.无氧耐力训练具体方法

（1）重复冲刺跑练习，每次冲刺的距离为30—60米。

（2）100—400米高强度反复跑。

（3）各种短距离追逐跑。

（4）往返冲刺传球练习。

（5）要求在规定时间内完成的抢传练习，可以根据实际状况调整参加练习的人数。

四、足球专项灵敏协调素质训练方法与指导

（1）各种交叉步练习，比如在双腿保持交叉姿势的状况下，向前、向后或者向两侧移动。

（2）各种跑步练习，比如边跑步边变换上肢动作、后退跑、侧跑、变向跑、变速跑等。

（3）起动跑练习，根据教练的指令确定起动跑的方向。

（4）滚翻和起动跑结合练习，比如练习者根据教练发出的指令进行前滚翻或者后滚翻，然后教练立刻接着下出起动跑的指令，训练者再根据教练的指令向不同的方向快速起跑。

（5）喊号追人练习，具体操作如下：

将运动员按照人数分成数个小组，然后对每个小组中的队员进行编号；

运动员以小组为单位坐在中圈内；

教练员随机喊出一个号码，每组中该号码的队员迅速起立向自己原本的位置开跑；

队员先到达自己原本位置的队伍获胜。

（6）躲闪摸杆练习，具体操作如下：

两人一组，一人为防守队员，另一人为进攻队员；

进攻队员利用各种假动作使防守队员重心偏离，然后越过防守队员摸杆；

摸到为进攻队员获胜，否则为防守队员获胜。

（7）冲撞躲闪练习，具体操作如下：

两名运动员为一组，一边慢跑，一边用动作冲撞对方，同时也躲闪对方的冲撞动作，被撞到的一方为失败。

（8）障碍物练习，具体操作如下：

在训练场地中设置各种障碍物，要求运动员利用跑、跳、爬、钻等各种动作穿越障碍物，通过障碍物用时最短的队员获胜。

五、足球专项柔韧素质训练方法与指导

（1）颈部和躯干分别做前屈、后屈、侧屈等姿势，同时伴随振动动作。

（2）前弓步和侧弓步压腿，纵劈腿和横劈腿。

（3）前踢腿、后踢腿、侧踢腿和腿绕环。

（4）站立体前屈下压，或靠墙站立体前屈下压，背伸、展腹屈体练习及腿肌伸展练习。

（5）模仿内、外侧颠球动作，单、双腿连续做内翻和外翻练习。模仿内扣、外扣动作，单腿连续做内转、外转动作。

（6）两腿交叉的各种跨步、转身动作。

（7）踢球、顶球和抢截球等各种技术动作的模仿练习。

（9）模仿和结合球的大幅度振摆腿、铲球、侧身踢凌空球等练习。

第六章 青少年足球人才心理与智能训练研究

    现代足球训练和比赛不仅需要运动员做大量高强度的体能运动，还要付出一定的心理能量，并发挥聪明才智。在足球训练水平不断提升的今天，运动员之间在体能和技战术上的差距在不断缩小，单纯的身体对抗和技战术比拼已经不能决定比赛胜负了，而心理的稳定性和智能的表现对运动员正常或超长发挥起着越来越重要的作用，心理和智能已然成为影响足球运动员训练效果和比赛结果的重要因素。因此，在青少年足球人才训练与培养中，不仅要重视体能训练，还要在此基础上加强心理训练和智能训练，并将体能、心理、智能等基础能力训练融入技战术核心技能训练中，从而全面提升青少年足球人才的竞技能力。本章着重对青少年足球人才的心理与智能训练展开研究，首先分析心理与智能的基本知识，然后重点研究青少年足球人才心理训练与智能训练的方法。

第一节　心理与智能概述

一、心理与运动心理

（一）心理的概念

心理指的是人的内在状态，思考的过程，是对客观事物的主观体验。心理的表现形式叫作心理现象，包括心理过程和心理特性，人的心理活动都会经历发生、发展、消失的过程。人们在活动中，通过各种感官认识外部世界、事物，通过头脑活动思考事物的因果关系，并伴随着喜、怒、哀、惧等情感体验，这个折射着一系列心理现象的过程就是心理过程。

（二）心理健康

1. 心理健康的概念

心理健康是指心理的各个方面及活动过程处于良好或正常的状态。心理健康的理想状态是保持性格完好、智力正常、认知正确、情感适当、意志合理、态度积极、行为恰当、适应良好的状态。心理健康表现为在社交、生产生活上能与其他人保持较好的沟通或配合，能处理好生活与工作中发生的各种情况。

2. 心理健康的标准

关于心理健康的标准，国内外学者做了大量的研究，下面仅分析我国学者提出的具有代表性的观点。

（1）严和骏的标准

①有积极向上、面对现实和环境的能力。

②能避免由于过度紧张或焦虑而产生病态症状。

③与人相处时，能保持发展融洽互助的能力。

④有将精力转化为创造性和建设性活动的能力。

⑤有能力工作。

⑥能正常恋爱。

（2）黄珉珉的标准

①能正常学习、生活和工作。

②能与他人和睦相处，保持良好人际关系。

③人格健全。

④具有良好的情绪体验。

⑤具有正常的行为。

⑥有正常的心理意向。

⑦有良好的适应能力及对紧急事件的应对能力。

⑧有一定的安全感，有自信心。

3.心理健康测评

每个人都可以测量与评价自己的心理健康状况。我国学者参考美国曼福雷德编写的"心理健康问卷"，经过改编而设计了"心理健康自我测定量表"，供人们参考，见表6-1。

表6-1 心理健康自我测定量表[①]

题号	内容	常有	偶有	罕有	从无
1	害羞	1	7	8	0
2	为丢脸而烦恼很久	0	6	12	6
3	登高怕从高处跌下来	0	5	13	10
4	易伤感	0	5	15	8
5	做事常常半途而废	0	4	12	4
6	无故悲欢	0	7	12	9

---

① 王健等.健康教育[M].北京：高等教育出版社，2004.

续表

题号	内容	常有	偶有	罕有	从无
7	白天常想入非非	3	8	9	0
8	行路故意避见某人	0	3	11	10
9	易对娱乐厌倦	0	8	11	6
10	易气馁	0	1	15	8
11	感到事事不如意	0	2	16	6
12	常喜欢独处	0	2	6	0
13	讨厌别人看你做事，虽然做得很好	0	8	11	9
14	对批评毫不介意	8	5	3	0
15	易改变兴趣	2	4	8	2
16	感到自己有许多不足	0	5	12	15
17	常感到不高兴	0	4	15	5
18	常感到寂寞	0	4	11	5
19	觉得心理难过、痛苦	0	1	11	16
20	在长辈前很不自然	0	7	11	10
21	缺乏自信	0	9	11	8
22	工作有预定计划	8	6	0	2
23	做事心中无主见	0	7	10	11
24	做事有强迫感	0	4	5	3
25	自认运气好	11	7	6	0
26	常有重复思想	0	9	7	4
27	不喜欢进入地道或地下室	0	3	4	12
28	想自杀	0	3	5	13
29	觉得人家故意找你茬	0	1	5	6
30	易发火、烦恼	0	5	18	13
31	易对工作产生厌倦	0	4	11	15
32	迟疑不决	0	10	10	8
33	寻求人家同情	0	1	9	2
34	不易结交朋友	0	2	9	5
35	心理懊丧影响工作	0	4	14	14
36	可怜自己	0	0	11	9
37	梦见性的活动	2	3	6	0
38	在许多境遇中感到害怕	1	0	16	7
39	觉得智力不如别人	0	1	8	7
40	为性的问题而苦恼	0	4	9	3
41	遭遇失败	0	4	14	6
42	心神不定	0	9	13	6
43	为琐事而烦恼	0	7	14	7
44	怕死	0	1	2	13
45	自己觉得自己有罪	0	0	12	4
46	想谋杀人	2	3	5	0

根据自己的实际情况做选择，最后统计总分，男生总分65分以上表示心

里正常，低于10分表示心理问题严重；女生总分45分以上表示心理正常，低于25分表示存在心理问题。

（三）运动心理

运动心理是指运动员的大脑对运动训练、运动比赛的主观反应，这种反应主要通过感知觉、记忆与表象、思维与想象、意志与情感等形式表现出来。运动心理主要包括心理过程和个性心理，如图6-1所示。运动心理的结构要素也是运动员心理技能训练的主要内容，在运动心理训练中，要塑造运动员良好的个性心理，还要注重培养良好的感知能力、表象能力、思维能力以及情感态度，并加强兴趣的培养和意志的锻炼。

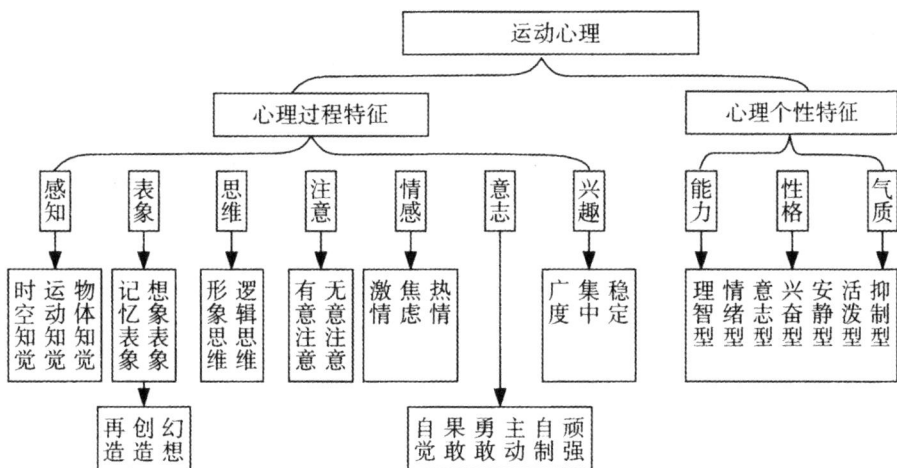

```
                        运动心理
          ┌───────────────┴───────────────┐
       心理过程特征                      心理个性特征
 ┌──┬──┬──┬──┬──┬──┬──┐          ┌──┬──┬──┐
感知 表象 思维 注意 情感 意志 兴趣        能力 性格 气质

感知：时空知觉  运动知觉  物体知觉
表象：记忆表象  想象表象 → 再造 创造 幻想
思维：形象思维  逻辑思维
注意：有意注意  无意注意
情感：激情  焦虑  热情
意志：自觉 果敢 勇敢 主动 自制 顽强
兴趣：广度  集中  稳定
能力：理智型  情绪型  意志型
性格：兴奋型  安静型  活泼型
气质：抑制型
```

图6-1　运动心理结构①

① 胡亦海.竞技运动训练理论与方法[M].北京：人民体育出版社，2014.

二、智能与运动智能

（一）智能

智能也可称为"智力"，是借助于内部语言在人脑中进行的一种认知活动方式，主要包括感知能力、观察能力、记忆能力、抽象思维能力以及创造能力。心理学家认为智力是完成某种活动的必要条件，智力具有以思维能力为核心、多种能力整合的特点。

（二）运动智能

运动智能也就是"运动智力"，指的是运动员在训练或比赛中运用基础和专项理论知识来认识训练和竞赛的一般或特殊规律并解决现实问题的能力。运动智能是运动员在掌握运动技能和表现运动技能的过程中必备的心理条件或特征，包括运动观察能力、运动记忆能力、运动思维能力、运动注意能力以及运动想象能力。运动智力的结构如图6-2所示。

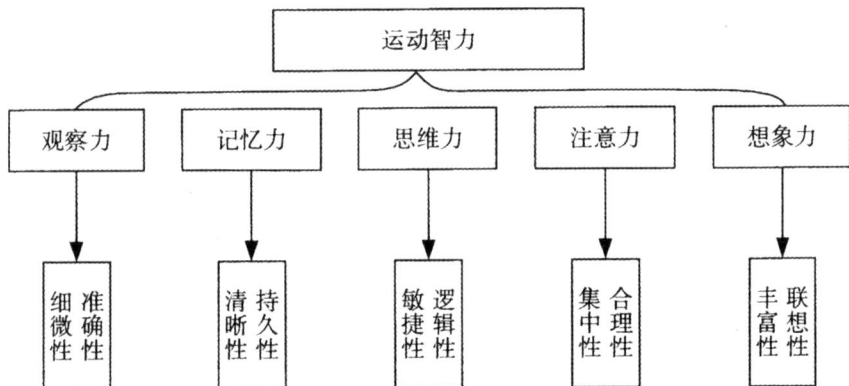

图6-2　运动智能结构[①]

① 胡亦海.竞技运动训练理论与方法[M].北京：人民体育出版社，2014.

（三）足球运动员的运动智能

足球运动员的运动智能与足球专项特征密不可分，因此要从特定的足球运动情境出发来考察足球运动员的智能。从足球运动员在足球训练和比赛中的表现来看，他们的运动智能是以运动感知力为先导的，而运动思维能力则是其运动智能结构中的核心智能因素。此外，运动想象力在足球运动员的智能结构中同样非常重要，其所发挥的作用不可忽视。

足球运动员的智能在训练和比赛中综合表现为其对战机的把握能力和运用能力，尤其是在比赛中具体表现为其随着双方对抗形势的不断变化而迅速调整策略，机动灵活，随机应变采取恰当措施而有序进攻、摆脱困境以及与团队高效率配合的能力。

第二节　青少年足球人才的心理训练

一、青少年足球人才的心理训练计划

青少年足球人才在心理训练之前，由专业人员依据心理训练的目标、任务、原理及足球运动情境而预先设计与安排心理训练的内容、步骤、方法，最终形成完整的心理训练方案，这就是心理训练计划。科学制订与有效实施心理训练计划，有助于提升青少年足球人才的综合心理水平，如增加自信、强化动机、集中注意力、控制情感、调整情绪、积极思考、建立和谐人际关系等。心理训练计划也是对即将开展的心理训练工作进行监控的方案，应将其贯穿于心理训练的整个实践过程中。下面具体分析青少年足球人才心理训练计划的制订与实施。

（一）心理训练计划的制订

1. 心理训练计划的制订程序与要求

青少年足球人才心理训练计划制订的内容与程序大体如下。

（1）明确训练对象

对足球心理训练计划进行设计时，首先要对训练对象也就是实施计划的对象有所明确。不同的足球运动员个体心理特征不同，不同性质与规模的足球比赛也对运动员的心理素质提出了不同程度的要求，这些因素都对心理训练计划的制订及实施有重要影响，因此一定要在了解训练对象的基础上进行训练计划设计。不同年龄段的青少年足球运动员身心发育特征存在差异，这是不可否认的，与此同时，不管是不同年龄段的青少年球员，还是同一年龄段的青少年球员，都存在心理方面的差异，表现在运动态度、动机、人格、人际关系等各个方面。此外，青少年足球运动员的心理特征与足球专项特征及要求有着必然的联系，这也是心理训练计划制订中必须考虑的因素。只有充分了解训练对象的心理特征，了解不同球员之间的心理差异，以及了解青少年足球运动员的心理特征与足球专项要求的契合程度，才能有针对性地面向青少年足球人才设计科学的心理训练计划，安排具体的心理训练内容和有效的心理训练方法。

（2）理解足球运动专项特征

面向青少年足球人才制订心理训练计划的人员应该是体育科学工作者，同时也是运动心理学专业人员。了解足球专项的运动心理学专业人员更容易获得足球教练员与青少年足球运动员的认同和信任，更容易从教练员和运动员那里获取有利于制订计划的准确信息。运动心理学专业人员制订足球心理训练计划，要充分了解足球运动专项技战术，了解足球训练和比赛的特点，了解足球运动员的一般特征和专项特征，并从专业视角敏锐地观察和洞悉青少年足球运动员的心理问题，对青少年在训练或比赛情境中的真实心理感受予以体察。这就要求专业人员深入足球训练与比赛的一线，在运动现场体会运动员的心理变化，从而为制订出科学的心理训练计划而提供有价值的参考素材。

（3）评估运动员的心理特征

要使足球心理训练计划与青少年足球人才的心理特征与心理发展需求更

为契合，并能针对青少年足球人才的心理问题而在计划中提出有效的心理调控与干预方法，就需要计划制订者采取科学有效的方式对青少年足球运动员的心理特征进行测试与评估，获取可靠的信息，从而为训练计划的制订提供有实际意义的参考。运动心理学专业人员评估青少年球员心理特征的方法主要有面对面交谈；记录球员的日常训练表现或在比赛中的典型表现；深入训练与比赛现场对运动员进行观察；采取专门的运动心理测量表进行测试，等等。

（4）加强沟通

青少年足球心理训练计划的实施主体是教练员，实施对象是青少年球员。专业人员设计的心理训练计划是否与教练员和运动员的实际情况及需求相符，能否有效实施计划中提出的训练方法以及经过实施能否取得可观的成果等，运动心理专业人员只有与教练员和运动员进行深入沟通才能回答这些问题，了解真实情况。

运动心理专业人员设计心理训练计划，为教练员和运动员提供心理训练方案，是计划的"供应方"，而计划的实施主体教练员与实施对象运动员则是训练方案的"需求方"，双方的沟通非常重要。运动心理专业人员在制订心理训练计划前要主动与教练员和运动员进行一次会谈，双方共同确定心理训练的重点，确保设计出来的训练计划能够给运动员带来真实的帮助，能够使运动员在训练和比赛中有更好的发挥。此外，足球教练员也必须对心理训练有正确的认识和高度的重视，要肯定心理训练对提升运动员竞技能力的价值，对运动员心理训练的了解要达到像了解技战术训练那样的程度，在日常训练中将心理训练纳入训练计划中，并有序实施心理训练计划，提升青少年球员的运动心理素质。

（5）确定心理训练内容、训练方法和训练程序

对青少年球员的心理特征、心理技能缺陷有所了解后，就可以将心理训练的内容及训练重点确定下来了。如果经过心理评估发现青少年球员不容易集中注意力，思维能力较弱，那么就要针对这些薄弱环节重点进行注意力训练和思维能力训练。通过重点训练来改善薄弱心理技能因素，提升心理技能水平，进而提升比赛能力。

确定了心理训练的内容及训练重点，还要对相应的训练方法进行设计和

选用，常见的方法有目标设置训练法、自我暗示训练法、注意集中训练法、表象训练法、自我暗示训练法、生物反馈训练法、系统脱敏训练法等。具体要根据训练对象的心理特征、心理技能发展现状以及训练条件、训练目标去选择恰当的训练方法，保证训练方法具有很强的操作性，而且经过操作可以有效达到预期的训练目的，成功提升青少年的运动心理水平。

明确了训练内容和训练方法后，还要设计训练程序，保证各项训练内容和训练方法得到有序且高效率的实施，提升训练效率和效果。训练程序中应该明确训练内容的前后顺序，为不同训练内容安排具体训练方法以及各项训练内容所占的时间，加强对训练进度的安排与调控。

（6）心理训练计划评估

青少年足球人才心理训练计划制订好之后，可以初步评估训练计划是否合理、明确，而要评价计划的有效性，则需在训练计划实施一段时间之后进行评估才能得到结论。对实施之后的训练计划进行评估，具体要观察与测试训练对象的心理变化，从训练对象在训练与比赛中的表现以及最后的结果中评价训练计划对训练对象是否有效。在评价后，运动心理学专业人员要与教练员、青少年球员进行面对面的讨论，双方就训练计划的有效性进行交流，运动心理学专业人员从计划的实施者与训练对象那里获取反馈，接受他们提出的宝贵建议，及时发现计划中的不足之处，并进一步调整与完善计划，为之后的训练提供更好的指导。

2.心理训练计划示例

假如青少年足球队将要在2022年8月参加一场非常重要的足球赛事，那么提前一年就要进行心理训练规划，这一年的心理训练分5个阶段进行，各阶段的时间安排及目标见表6-2和图6-3。

表6-2　心理训练计划示例

阶段划分	时间安排	目标设置
基础训练阶段	2021年9月—12月	1.基础心理培训 2.心理状态调查（访谈、问卷调查、专业测试）

续表

阶段划分	时间安排	目标设置
练习阶段	2022年1月—2月	1.个人训练计划和准备 2.心理技能训练 3.赛前常规训练 4.评价第二阶段，计划第三阶段
模拟训练阶段	2022年3月—5月	1.赛中心理训练 2.逆境中心理训练
调整与完善阶段	2022年6月—7月	1.调整和完善第三阶段的心理训练 2.加强个人和团体心理训练 3.固定心理练习程序
赛中训练阶段	2022年8月（比赛中）	1.调整比赛中的心理状态，乐观自信、心理稳定 2.用积极语言自我暗示，团队相互鼓励 3.教练员给予鼓励和肯定

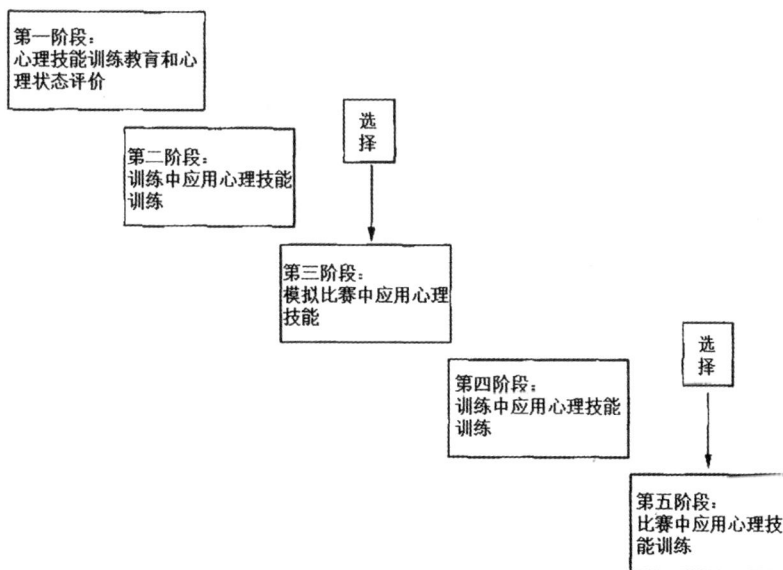

图6-3　青少年足球运动员备战比赛的心理训练安排[1]

---

[1] 张忠秋.优秀运动员心理训练实用指南[M].北京：人民体育出版社，2007.

（二）心理训练计划的实施

青少年足球人才心理训练计划的实施分下列几个阶段进行。

1. 基础阶段训练

（1）一般训练阶段

这一阶段主要是将心理技能训练的基本知识和常见方法传授给青少年球员。在开启这一阶段的训练之前，要对青少年球员至少前两周的运动表现及运动成绩予以了解，并采取简便易操作的方式对球员的生理和心理特征及其对心理技能训练的认知水平进行评估，从而为促进心理技能训练计划的实施打好基础。这一阶段以初步评估青少年球员的心理特征及其对心理技能训练的认知和掌握情况为主。

（2）专项训练阶段

为完成足球训练与比赛的特定任务而合理运用心理技能，这是专项训练阶段的重点。青少年球员将自己掌握的心理技能方法灵活运用到训练和比赛中。

2. 赛前阶段训练

有些青少年球员虽然平时心理素质较好，也能很好地调控自己的心理状态，具备良好的心理技能，但在临近比赛前还是会因为各种原因而出现不良心理状态，如赛前训练状态不好而影响比赛自信；此次比赛意义重大，因此异常紧张、焦虑；对手过于强大导致自己心里没底气，缺乏自信和勇气，等等。这些不良心理都会严重影响球员在比赛中的个人发挥及与团队的配合，因此必须在赛前加强心理训练，使运动员不仅做好体能与技战术方面的赛前准备，同时也做好心理上的准备，进而做好全方位的准备，在赛前掌握的心理技能能够灵活运用到赛中的心理调控上，满足比赛之需，促进运动员的稳定发挥。

正式比赛前一般会进行简单的热身赛，这个阶段运动员要有意识地将自己掌握的心理技能和心理调控方法运用到实战中，并评估运用效果。如果将要参加的是重大比赛，那么就要多开展几次模拟训练，以对青少年球员的比赛适应能力和临场发挥能力进行培养。

3. 比赛阶段训练

这一阶段对青少年球员进行心理训练，主要是使青少年将日常训练及赛前准备训练中获取的心理技能运用到比赛中，从而对自己的比赛心态进行调整，尽可能保证自己心态的稳定，以积极的心态完成整场比赛，用良好的心态去支撑自己正常或超常发挥，并带动和感染其他队员，提高团队的整体配合能力。

4.过渡阶段训练

不管是制订心理训练计划的运动心理学专家，还是作为训练计划实施主体的教练员，都经常忽视青少年球员的赛后心理训练，他们认为比赛已经结束了，所以再进行心理训练已经没有意义了。这是一种错误的认识，即使比赛结束了，但运动员的心理因为比赛结果而受到了影响，不管结果如何，运动员的心理都发生了这样或那样的变化，这是毋庸置疑的。因此还需要进行心理训练，调整运动员的心理状态，促进身心恢复。

二、青少年足球人才心理训练常用方法

（一）肌肉放松法

肌肉放松法是心理训练的常见方法之一，其原理是人的肌肉在经过紧张后，会在一段时间内自然反射回放松状态，青少年足球运动员可以遵循肌肉紧张和放松的交替规律，依靠生理线索回到放松状态。采用使肌肉放松的方法可以有效缓解紧张、畏惧等不良情绪，还能帮助运动员缓解疲劳，提高睡眠质量，控制心理稳定性。

（二）呼吸调整法

通过深呼吸可以缓解紧张情绪，平复激动心情。依据这个原理，可采用呼吸调整法来训练与提升青少年足球运动员的心理稳定性，这种方法常常被运用于足球竞赛中，将吸气时的肌肉紧张和呼气时的肌肉放松相结合，从而调整心理状态，消除不良情绪，使内心平复、冷静，尽可能以稳定而强大的

心理发挥出最佳水平。

（三）动机激发法

青少年足球运动员在训练和比赛中的良好表现都离不开正确动机的内在驱动。在足球训练和比赛前采用动机激发的方法来调节运动员的心理，将正确的观念传输给运动员，如顽强拼搏、为国争光、集体荣誉、勇者必胜等，使运动员的注意力高度指向正确的方向和理想目标上。此外，也要让运动员正确对待成败，在训练和比赛中拼尽全力，要尽可能发挥自己的优势，与队友配合好，争取不留遗憾。

（四）自我暗示法

自我暗示法适合青少年足球运动员用于自我心理调适。通过自我诉说、自我命令、自我说服等方式来稳定自己的心理，调节情绪，整理心情，强化意识，最终提高训练或竞赛的效能。研究表明，自我暗示不仅会影响运动员的心理、态度及行为，还会影响他们生理机能水平的发挥。暗示是每个人都有的心理现象，一般以联想过程中引发的心理冲动为基础，也以人体的各种机能、活动和行为为基础。这就是说，暗示和人的生理机能密切相关，通过有效的暗示既能稳定心理，又能提升生理机能水平。

（五）模拟训练法

模拟训练法是一种适应性训练方式，在训练中使将要参赛的运动员的心理和将要面临的比赛环境保持协调。青少年足球运动员在比赛中可能会因为气温、场地、观众等外在条件的变化而影响发挥，所以在赛前训练中要尽可能创建和比赛场地相似的环境，使运动员熟悉比赛场地与周围环境，从而提高运动员的适应性。一般情况下，可以利用实战模拟、图片、语言、影像等手段来模拟比赛环境，从而有效提高运动员对比赛环境的适应性，提高其心理环境的稳定性，使运动员以良好的心理状态稳定发挥。

（六）游戏转移法

游戏转移法主要是利用丰富多彩、生动活泼的游戏来营造轻松愉悦的备战氛围，从而转移运动员赛前紧张不安、焦虑烦躁等不良情绪。游戏的设置一般要求涉及身体练习、思维锻炼以及心理调整等多个要素，还要有严格的规则，既规范又有趣，以帮助青少年球员释放不良情绪，激发积极情绪，保持自信、乐观的心理状态。[①]

三、青少年足球人才比赛心理准备程序的建立

现代足球比赛对抗十分激烈，青少年球员的赛前准备状态直接影响其竞技状态和比赛中竞技能力的发挥。做好充分的准备是比赛取胜的关键，充分的准备不仅包括体能准备、技战术准备，还包括心理准备，通过心理准备达到最佳心理状态。具体来说，青少年球员赛前要明确参赛目标、个人定位，稳定自我情绪，有明确的注意指向，有取胜的信心和高昂的斗志，这些都是比赛心理准备的重要内容。下面具体分析比赛心理准备程序的建立。

（一）心理净化程序的建立

一般来说，即将参加比赛的运动员在比赛前24小时其心理状态就进入敏感期，心理发生一系列变化，为了控制心理的大幅度变化，必须建立心理净化程序，达到最佳比赛心理状态。

1. 比赛前一天

（1）明确自己在赛场上的角色和职责，清楚自己的主要任务是什么。

（2）将自己担心遇到的困扰列出来，并逐一制订解决方案。

---

① 王朝金.探讨运动训练中的心理训练[J].体育世界（学术版），2014（09）：45-46.

（3）合理作息，做一些娱乐活动来使自己放松下来。

（4）表象自己曾经发挥最佳的场景，并暗示自己一定行。

2. 准备活动中

做热身动作，通过呼吸调整、肌肉放松、表象演练等方面来调整心理状态。

3. 入场等候时间

放松神经肌肉，自我暗示、提示，相信自己的专长技能在比赛场上一定能有好的发挥。

4. 临赛前

深呼吸，调整心态，提醒自己放松，默念比赛要点。

5. 中场休息

采用腹式呼吸的方式和肌肉放松的方式调整心理，并积极转换思维，如果前半场发挥失误，比分落后，暗示自己重新开始，在下半场努力扭转战局。如果前半场发挥很好，比分有优势，暗示自己趁热打铁，将有利局面保持下去。

（二）思维活动程序的建立

在比赛前的不同时间段，即将参赛的青少年球员会有各种各样的心理活动，主要表现在思维上。为了使参赛运动员有更加积极的思维活动，并突出思维活动的重点和逻辑性，应引导运动员在赛前不同时段将自己要考虑的事计划好，以防临近比赛时大脑空白或胡思乱想，对参赛心理造成严重影响。所以，建立比赛心理准备程序时，要积极建立比赛思维活动程序，及时调节思维与调整心理。如果足球比赛在下午进行，那么比赛思维活动程序的建立步骤可参考图6-4。

上图所示的思维活动模式仅供参考，在具体情况下要因人而异来操作，因为不同青少年球员的个性特点、生活习惯是不同的，所以要依据他们的实际情况来对思维活动的内容与方式进行选择，思维活动只要能够调动运动员的积极情绪，使其保持心理稳定，达成最佳心理状态，那么就是适宜的思维内容与方式。

主要时段：

| 入住赛区宾馆 | 赛前训练 | 赛前一天 | 赛前晚上 | 比赛当天早晨 | 比赛当天上午 | 比赛当天中午 | 出发去赛场 | 赛前准备活动 | 检录点名 |

想什么？

| 这里环境很好 | 寻找好的感觉 | 我在养精蓄锐 | 表象成功动作 | 今天感觉很好 | 营造愉快心情 | 休息好就行 | 想想比赛动作 | 我很兴奋清醒 | 我是最棒的！ |

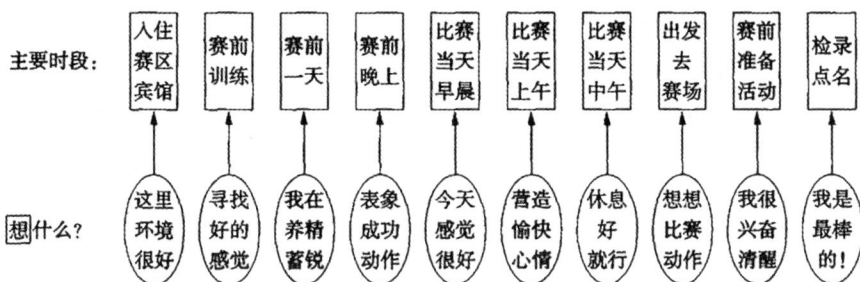

图6-4　比赛思维活动程序[①]

（三）行为活动程序的建立

在赛前不同时间段，参赛运动员的活动有的与比赛有关，有的与比赛无关，这主要体现在他们的个人行为中。青少年球员在赛前应该多做目的明确、效果明显的活动，而且活动应该是有条不紊进行的，从而节省能量，为了达到这个目的，要提前将赛前不同时段要做的事计划好，以防在临近比赛时不知所措，徒增焦虑。比赛心理活动程序也是青少年足球人才比赛心理准备程序的重要内容，建立模式可参考图6-5。

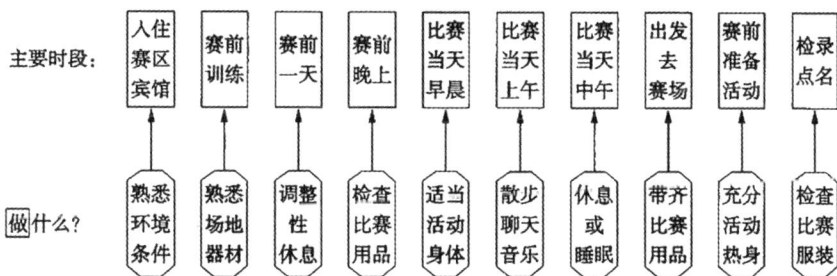

主要时段：

| 入住赛区宾馆 | 赛前训练 | 赛前一天 | 赛前晚上 | 比赛当天早晨 | 比赛当天上午 | 比赛当天中午 | 出发去赛场 | 赛前准备活动 | 检录点名 |

做什么？

| 熟悉环境条件 | 熟悉场地器材 | 调整性休息 | 检查比赛用品 | 适当活动身体 | 散少聊天音乐 | 休息或睡眠 | 带齐比赛用品 | 充分活动热身 | 检查比赛服装 |

图6-5　比赛行为活动程序[②]

---

① 张忠秋.优秀运动员心理训练实用指南[M].北京：人民体育出版社，2007.

② 同上.

（四）心理对策库的建立

"对策库"就是把所有可运用、可操作的策略和办法按所应对的目标和所要解决的问题分门别类、列成体系，以便在比赛中要用到时马上调出。能够把问题想在前面，把对策握在手。建立比赛心理对策库的目的是使运动员胸有成竹、情绪稳定、信心百倍地投入比赛。建立比赛心理对策库后，运动员面对比赛中可能遇到的问题或每个必须的准备环节，都有相应的措施、对策、有效行为、词语提示和策略，从而做好全面充分的赛前心理准备。

建立比赛心理对策库，要考虑足球运动的特点、足球比赛的条件以及青少年球员的具体情况。对心理对策库的建立需要由心理咨询师、教练员和运动员共同配合完成，先逐一罗列在此次比赛中可能遇到的问题，然后分析每个问题产生的可能性原因，再寻找解决方案和应对策略，每个问题都应该至少有三个应对方案，以便在比赛中根据实际情况而选用最恰当的方案，"办法总比困难多"就是这个道理。

建立比赛心理对策库，主要有下列两种类型。

1. 程序活动对策库

一场足球比赛的时间比较长，不同比赛时段和环节都可能会遇到特定情境下的一些问题，运动员在不同时段也要完成一些必须做的活动，对此要确定好比赛过程中不同环节应对问题和困难的策略，使青少年球员在比赛中胸有成竹，临危不惧，从容应对困难。

2. 预发事件对策库

足球比赛在户外进行，很容易受到气候、场地及周边环境的影响，因此要提前预测可能发生的情况，制订解决方案，如应对气候变化的方案、应对运动损伤的方案等。

第三节 青少年足球人才的智能训练

一、青少年足球人才智能训练的方法

随着竞技足球发展水平的不断提高，现代足球比赛对运动员的智力水平提出了越来越高的要求，因此在青少年足球人才训练与培养中，应在基础体能训练、心理训练的基础上进行智能训练，并将心理训练与智能训练有机结合起来，提升青少年球员的心智水平。在现代足球训练中，智能训练备受重视。青少年足球是中国足球的重要组成部分，青少年足球运动员是中国足球振兴的希望，所以在青少年足球训练中更应该重视训练的全面性，将智能训练融入训练计划中，从小培养足球运动员的运动智能，提升青少年球员的智力水平。下面具体分析青少年足球人才智能训练的方法。

（一）运动感知能力训练

训练运动感知能力，要利用各种视觉信号让运动员根据视觉反应做各种练习。教练员变化各种视觉信号，如灯光的亮度变化、颜色变化、排列变化等，加强对运动员的视觉刺激，要求运动员根据不同的视觉信号迅速完成不同的技术动作和战术配合。运动员视觉准确性的提高可以扩大视野范围。

青少年球员在比赛场上运用或变化任何一项技术动作，都取决于视觉的深度和广度，只有全面感知客观情况才能正确思维，果断采取行动。因此，在日常技战术训练中要培养球员抬头看的习惯。尤其是在无球训练时多观察球、同伴、对手的情况。接球前观察场上的情况，然后灵活处理球。足球比赛是在快速奔跑中进行的，因此也要在奔跑练习中培养球员的观察力。

（二）运动记忆能力训练

足球场上千变万化，年轻球员遇到突发情况时容易不知所措，缺少应变能力。优秀球员善于从训练和比赛的经验、教训中进行总结，主要是为了在今后的训练和比赛中避免同类错误发生，这是提高其足球运动水平的一个重要途径。可见，培养青少年球员的运动记忆能力非常重要。

在记忆力训练中，让运动员有意识地调动大脑中已经形成的动作表象，并配合适当的语言暗示进行训练。这种训练方式有利于建立和巩固正确动作的动力定理，加深动作记忆。运动员在训练、比赛之后，闲暇之余可以在大脑中像"过电影"一样回忆训练、比赛中遇到的问题，并自主探索解决方法。

此外，让运动员观看与分析重要国际比赛，从而通过回忆把视频中的精彩表现"再现"出来，加深应用技战术的印象。

（三）运动注意能力训练

对青少年球员进行注意力训练，可采用的方法有要使队员明确训练任务、培养训练兴趣、严格要求、调整训练难度、保持环境安静等。此外，足球比赛中常常有很多观众，观众欢呼、起哄、加油声震耳欲聋，影响球员的表现，所以在平时一定要加强"干扰式"训练，突破单一的封闭式训练方式，通过模拟比赛气氛来培养球员集中注意力的能力。

（四）运动思维能力训练

在足球运动中，只有知觉，没有思维的训练，只能是生搬硬套，会限制球员对技术动作的理解和掌握，同时也限制球员技战术的发挥。因此，要开发足球运动员的思维，提升其思维水平。

培养青少年足球运动员的运动思维能力必须从直观的行动入手。青少年球员其年龄特点决定了他们的思维以形象思维为主。要培养他们的操作思维能力必须以一定的足球比赛实战知识和经验作为基础。具体可以通过下面的练习进行培养。

第一，在大禁区前沿练习，防守方1名守门员，2名防守队员，进攻方3名队员。要求进攻方队员只能进行一次传球，不能向后传，三人都要触球后才能射门。这个练习可以提高球员的操作思维能力和配合能力。在练习中鼓励球员大胆尝试，通过反复练习来提高球员在门前的操作思维能力。

第二，在2对2、3对3、5对5的对抗练习中，给球员提供一个广阔的空间，让球员在这个空间中发挥想象（在基本战术的基础上），也可以随时停止对抗，指出球员的不合理行为，及时纠正。

二、青少年足球人才多元智能训练模式

（一）多元智能理论

多元智能理论是与智能相关的新理论，提出者是美国心理学家霍华德·加德纳，时间为20世纪80年代。霍华德·加德纳长期研究智力理论，并指出传统智能理论存在很大的局限性。他认为，人的智能不是单一的，至少有8种智能存在于每个人的大脑中，而且大脑不同区域都有对应的智能，包括：

（1）语言智能。

（2）逻辑－数学智能。

（3）视觉—空间智能。

（4）身体—运动智能。

（5）音乐智能。

（6）人际智能。

（7）自然认知智能。

（8）自然观察者智能。

以上8种智能存在于大脑的不同区域，相对独立，但又密切联系。加德纳深入研究人的多元智能后指出，智能运作有独立运作和组合运作两种方式，一般运用单独的智能很难解决问题，需要将不同智能组合起来共同解决问题。人们都希望可以同时发展多种智能，全面提升自己的智能水平，让自己变得非常聪明，但要使各种智能获得同步发展存在一定的难度，最好的办法是先明确自己大脑中存在的这些智能中哪些是优势智能，哪些是弱势智能，在保持优势的同时优先发展弱势智能，进而实现全面发展。

人们大脑中的8种智能每一种都有自己的价值和作用，不能说哪种智能重要或哪种智能不重要，每种智能都很重要，在每个人身上都发挥重要的作用，独一无二，不可替代。有的智能单独发挥作用，有的智能与其他智能组合起来发挥作用，这取决于人们运用智能的方式。每个人都有自己比较突出的某一种或几种智能，在这些智能方面有出色的表现，而弱势智能相对隐晦，表现不突出。鉴于不同个体多元智能发展的差异，在青少年足球人才智能训练中要尊重个体差异，因人而异进行智能训练，重点训练对提升青少年球员竞技能力及比赛成绩有帮助的智能，并带动其他智能共同发展。

（二）多元智能理论在青少年足球智能训练中的应用

青少年足球人才在训练和比赛中不可能只使用一种智能，球员在训练或比赛中，大脑的运作方式并不那么简单，智能的运作方式是多种多样的，甚至在一次训练中会同时运用8种智能，大脑的多种智能被整合运用到一次的练习活动中，运动员的潜能得到充分发挥，使其训练或比赛的积极情绪被成功激发，促使其心理和智力处于最佳水平，以达到最佳训练或比赛效果。

不同青少年球员的优势智能可能相同，也可能有差别，鉴于这一客观现象，应在青少年足球训练中对智能训练策略进行有针对性的选择，从传统单一的智能训练模式中走出来，构建"8合1"的智能训练模式，对青少年球员的积极思维予以启发，根据每个球员的个性特征和智能水平选择最恰当的训练方式。足球智能训练的内容、方法是多样化的，这由球员本身智能的多元性所决定。

根据多元智能理论，可以建立运动智能训练的基本模型与程序，参考图

6-6和图6-7。

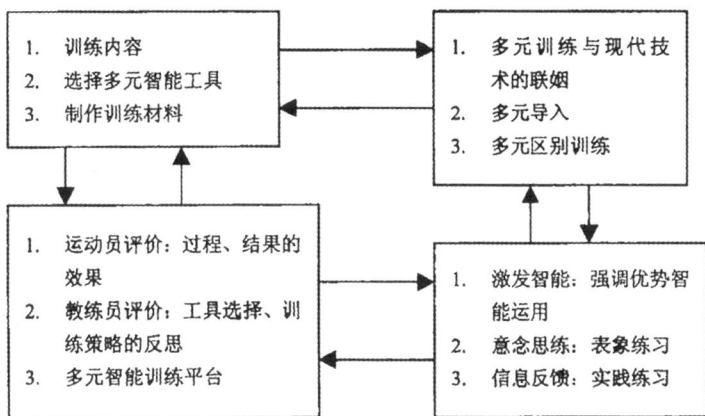

图6-6 智能训练模型[1]

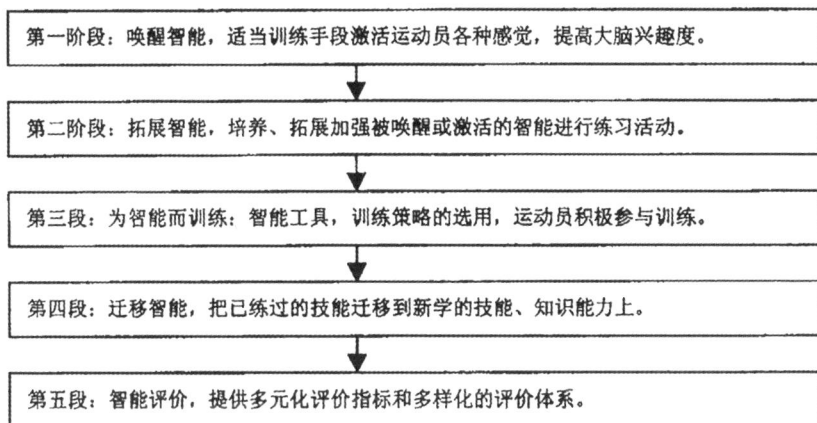

图6-7 智能训练程序[2]

---

① 卢春根，毛文华.高校高水平田径队多元智能训练模式实践研究[A].中国大学生田径协会.第十五
届全国高校田径科研论文报告会论文专辑[C].中国大学生田径协会：中国大学生体育协会田径分
会，2005：3.
② 同上.

　　将上述智能训练模型与程序模式运用于青少年足球人才的智能训练中，要注意加强教练员与青少年球员之间的互动和沟通，建立和谐的人际关系，全面提升青少年的多元智能水平，打破传统智能训练中单一智能的训练局面。在训练过程中，教练员要鼓励青少年发挥自己的潜能，展示自己的个性，将聪明才智运用于训练和比赛中，将身体活动与脑力活动紧密结合起来，用大脑支配行动，提升各项技战术的运用效果，最终提升训练与比赛的成绩。

　　需要注意的是，在多元智能理论下进行足球智能训练，要对青少年球员的个性特点予以尊重，引导不同青少年球员形成符合自身个性特点的智能训练风格，并从不同青少年球员的智能水平出发对恰当的训练方法进行选用。此外，在智能训练中运用现代信息技术可以营造良好的训练氛围，使智能训练更有诱导性、触发性，提升青少年的适应能力，激发青少年的练习积极性，强化青少年球员运动智能的全面发展。

第七章　青少年足球人才技战术训练研究

在青少年足球人才的培养过程中，对技战术的训练是训练工作的核心内容。可以说，技战术就是足球运动的灵魂，而技战术水平的高低直接决定着一名运动员的等级和身价。在培养青少年足球人才时尤其应该重视从一开始就培养他们掌握科学有效的训练方法和先进的意识观念。本章将针对青少年足球技术训练、青少年足球战术训练以及青少年足球人才技战术意识的培养三个方面进行详细的阐释。希望可以为广大的青少年足球人才提供简明易懂、易操作的训练方法和理论知识。

第一节　青少年足球人才的技术训练

一、现代足球技术特征

足球技术是足球运动最重要的部分。在任何一场足球比赛中，足球技术是完成战术配合的前提，是决定一名足球运动员是否优秀的标准，是决定一场比赛是否精彩的关键因素。现代足球随着比赛的攻防速度越来越快，争抢越来越激烈，对球员的技术要求也越来越高。

（一）比赛节奏快

有大量的数据显示，足球比赛中一次快速的进攻，从发动到结束全程仅需要10秒左右的时间；如果在战术上安排多次连续快速进攻，那么对手真的毫无喘息的机会，水平稍有差距或者一个配合不当就会被打得落花流水，无力反击。因此对于防守而言，要想有稳固的防守，就必须比对手更快，以更快的速度退守，不让对手有机可乘。一切延误和迟缓都很可能导致被动甚至失败。这就是现代足球比赛的显著特点之一。

1.动作要快速衔接

现代足球比赛要求球员的每一个动作都要快速准确，也就是说自身的速率要快。但是，有时候运动员在训练中尚能达到这一标准，但是一进入快速对抗往往就失去水准，出现大大小小的失误，究其原因其实就是技术动作缓慢和缺乏实战造成的。既然已经掌握了技术动作，本质上就可以正常发挥，但是事实并非如此。在完成动作的快或慢之间还有很大的差别，甚至代表着完全不同的技术水平，产生截然不同的效果。在正式的比赛中，绝大多数时间不是要求球员只去完成单个技术，而是根据临场情况为了达到某个目的而组合多个技术动作去实现的。比如接球后要带、控、过人、传球或射门。每个技术动作之间的衔接速度有着重要的实战意义。在实战中如果衔接速度慢就谈不上技术能力，可能直接意味着被对手抢断甚至比赛失败。

2. 快速奔跑中完成技术动作

除了要求动作之间的衔接要快速、流畅和准确之外，而且更进一步，现代足球比赛要求运动员在快速的奔跑中完成接、控、传、射、抢、铲、争顶等一系列技术动作。也就是说仅仅在小范围内快速衔接各种动作也不能满足现代足球的要求了。世界著名球星罗纳尔多几乎都是在快速的奔跑中完成带球或过人直至最后起脚射门，所有的动作行云流水一气呵成，对手完全没有机会争夺甚至靠近，这就是现代足球的最高境界。

（二）对抗激烈

对抗激烈是现代足球比赛的另一个特点。有人专门做过统计，在一场比赛中双方争抢次数达300次，平均每10秒双方队员就会发生一次对抗。优秀防守队员"要像邮票贴在信封上"一样贴身紧逼对手。如此频繁的对抗接触，如此凶狠的逼抢，无疑让进攻技术和防守技术都面临着更为严峻的考验。

1. 意志品质要坚定

意志品质可表现为两个方面：一是战斗作风强悍，二是自控能力超强。一个优秀的足球运动员不仅要有高超的球技，要想经得住实战的考验必须要具备坚强的意志品质。比如能够在艰苦、复杂、激烈的比赛中稳定地发挥自身水平，在面对凶狠的紧逼、铲抢，敢于控球，不怕踢，不怕摔，将技术与强悍的精神力量相结合，才是完整的现代足球技术。"技术"不是花拳绣腿的装饰，而是在比赛激烈的拼杀中能够取得优势和胜利的武器。与此同时，在紧张的对抗中，运动员的另一个重要素养是自我控制力，能够做到无论临场如何凶狠和紧张，都能做到理智、冷静，做到临危不乱、处变不惊，这也是需要经过平时的科学训练才能得以实现的品质。

2.与抗干扰能力相结合，保证技术的稳定发挥

心理学家认为，外界的干扰或多或少地会影响人的心理状态，进而又影响其行为。现代足球比赛中运动员要面对的不仅仅是强劲的对手、激烈的对抗，而且同时还面对情绪起伏剧烈的观众，严格的裁判以及接下来的胜负等诸多元素的干扰，而优秀的运动员需要具备很强的抗干扰能力，无论外界的干扰有多么复杂、冲击力有多强，甚至可能对自身有很强的针对性等，优秀的运动员都应该以比赛为重，迅速地进入最佳状态，稳定甚至超水平地发挥技术水平。

（三）技术全面

现代足球比赛讲求全攻全守的打法，这从根本上提高了对运动员的技术要求，全面掌握技术意味着攻、防技术兼备，并且能做到随时切换角色要求，对各种战术打法都了然于心，现代足球比赛要求既有位置的职责分工，又要能随着战术的变化去适应各个位置的技术要求，这基本上要求球员成为全能的战士。重攻轻守或重守轻攻都不能算是合格的现代足球高水平运动员，更加不可能成为比赛的强者。

（四）个人特点鲜明

具备了全面的技术还不够，世界著名的优秀足球运动员都还具备鲜明的个人技术特点，如防守稳健的巴雷西，擅于组织、领导的普拉蒂尼，突破能力极强的马拉多纳、罗纳尔多和擅于主罚任意球的济科等。在强手如林的球员中，还必须有突出的个人能力，才能在比赛中具备优势，成为比赛制胜的法宝。运动员的特长需要被及时地发现并很好地培养，特别是在青少年阶段，要善于发现和保护，给予相适宜的训练。好马还需要伯乐，一名世界级优秀的足球运动员是可遇不可求的人才，是一只球队的法宝。由此可见过人的个人技术是多么的珍贵。因此，球员自身和教练员都应该有意识地进行发现和培养。

二、足球技术动作与训练

（一）颠球

颠球是足球运动最基本的一项技术，是指运动员用身体的一些有效部位连续地触球，并能够有效地控制球不落地的一种技术动作。颠球是运动员的入门级的技术，目的是帮助球员很好地熟悉球性，具备球感，比如增强对球的弹性、重量、旋转及触球部位，摸索出击球时的用力大小、角度的感觉等。

1. 动作解析

（1）脚背颠球

分别用脚背触球，将球向前和上方颠起，在击球的瞬间踝关节要固定，击球的下部，由于球落下的角度和摆腿的因素，击球后球会产生一定的旋转是正常的。练习颠球时可以分别练习两脚交替击球和单脚连续点球两种方式。击球时用力均匀，在具备一定的球感之后可以通过细微地调节力度和角度进行控球，使球始终在身体的周围，不会落地且不会轻易被抢断。

（2）脚内、外侧颠球

抬腿屈膝，用脚的内侧或外侧通过向上摆动击球的下部，使球连续颠起且始终在控制之中。类似踢键子的动作，两脚内侧或外侧可交替练习。

（3）大腿颠球

用大腿的有效部位颠球，既用中、前部位向上击球的下部。屈膝抬腿，保持大腿与髋关节高度平行或稍高于髋关节即可。同样的，可以两腿交替击球练习，也可一只脚支撑用另一大腿连续击球。大腿击球对球的接触面积略大于脚部，可多加练习以提高控制力。

（4）头部颠球

头部颠球是用前额部位连续顶球的下部。顶球时两眼要保持一直注视来球，两臂自然张开维持身体平衡。

2. 训练方法

（1）在规定时间内累计不落地击球次数。

（2）累计不落地击球最高记录次数。

（3）两人配合练习，每人颠一次给对方。或者逐渐递增次数交换颠球。比如一人颠一次传给对方，另一人颠两次再传回来，以此类推增加规则的复杂性可提高锻炼难度和趣味性，避免产生适应而减低训练效率。

（4）多人围圈颠球。三到五人围成一圈练习圈颠球，以球不落地为要求，不定向颠球。

（二）运球

运球是运动员在跑动中用脚向跑动方向带球一起运动的一项技术，并且过程中要保证球始终处在自身周围的控制范围之内。运球是运动员控球能力的主要体现，也是进攻能力的核心技术，运球的目的是把球带到更有利的位置，或者为配合战术、调整比赛推进节奏、选择传球时机和方位前的过渡、以及为过人突破。

1. 动作分析

（1）直线运球

跑动时身体稍向前倾，重心低沉，注意步幅不要过大，这样方便随时应变。根据情况选择脚的触球位置，比如用脚背正面部位或者脚背外侧、内侧以适当的力量推球，比如需要较长距离的快速运球时，可以选择用脚背正面或者脚背外侧击球。需要注意的是运球的第一原则是不丢球，即便是较长距离的推进球也使球始终处在身体的控制范围之内，不要距离太远而削弱控制力，也不要离身体太近而影响跑动的速度。

（2）变向运球

身体重心稍低以利于应变和变向。变向时比较多地采用脚背内侧和脚背外侧拨球。注意当用脚背内侧触球时，身体略向支撑脚一侧倾斜，运球脚的脚背内侧去击球的侧后方中部，将球推向斜前方，从而改变球原来的运行方向。用脚背外侧拨球变向时，身体向支撑脚的另一方倾斜，运球脚的脚尖稍向内转，用脚背外侧也是击球的侧后方中部，将球推拨向斜前方。触球的中部能有效地控制球的运行方向、距离和速度。

（3）变速运球

有时候运球需要变换速度比如由慢变快。首先要做的是先控制运球速度，保持平稳推球是关键，这些需要多加练习才能运用自如。变速时降低身体重心，通过用力蹬地突然起动，运球脚以脚背的正面或外侧部位适当加大推球力度，推球的距离要适应新的跑速，身体要及时跟上球，连续快速地推球前进发动进攻。有时候运球需要由快变慢，此时身体或稍后仰，方便及时制动，同时注意减轻推球力量，使人和球同时做到减速以适应新的战术要求，但是减速也要注意护球，因为速度慢下来会增加被失球的风险。

（4）运球过人

运球时要逼近防守者，距对方2米左右。身体要保护球并用远离防守者的脚控制球。过人时重心要低并落于两脚之间，有利于通过假动作使对方失去重心，运用拨、拉、扣、挑等技术动作，突然快速地摆脱越过对手（图7-1）。

图7-1

2.运球训练

（1）直线运球

两名球员相距30米站立，一人直线运球传给队友，另一方接球后再直线运球传回来，连续练习。随着动作的熟练可以将运球速度提速，注意要规定练习时间和间歇时间。

（2）直线运球比赛

将球员分为两组进行直线快速运球的比赛，即让多组球员同时进行上述的直线运球，计时开始，以最快速度完成一轮练习的组为胜。也可以适当地增加难度，比如运球者必须将球运到某一位置才可以传球对队友。该练习的目的是练习平稳且快速地运球，并对自己的运球速度有客观的了解。

（3）曲线运球

曲线运球就是绕障碍物进行运球，比如设置旗杆或者其他障碍物若干，每两件障碍物之间相距1.5—2米，练习者通过绕障碍物曲线穿行并同时运球。在掌握曲线运球之后可以进行计时比赛，以用时最短者为胜。

（4）变速运球

球员听教练的信号做变速运球，分别以慢速、快速或者中速切换练习。这一方面可以同时训练球员的不同运球能力，同时还可以训练球员的反应能力，在不同的指令下迅速调整身体姿态、用力大小以及触球的部位。该练习也要规定练习时间和间歇时间。也可以事前规定区域，在场地的某个区域要快速运球，在另外的区域要降速运球等，总之通过不同的规则训练球员的随时切换技术的能力，逐步向真实比赛的情境靠近。

（三）传球

传球技术在比赛的运用过程中包含着丰富的战术内涵，它是集体配合的基础，也是完成战术配合、进行射门的最主要手段。球员必须熟练掌握每种传球技术，在比赛过程中，球员应该有能力随时切换到最适合的技术配合战术需要，通过与队友的配合完成战术目的。

1.传球动作分析

（1）短传

支撑脚在球的侧后方，踢球腿以大腿带动小腿迅速发力，以脚内侧或脚背外侧触球的后中部，并以适当的力度推拨球至目标位置。短传无需过大力度，摆腿和脚踝的转动幅度也不大。传球后身体随即调整姿态，准备下一步的接应和配合。

（2）中长传

传球时运动员尽量与出球方向形成45°角助跑，支撑脚落于球的侧后方，膝部弯曲，使身体重心下降并稍向支撑脚一侧倾斜。助跑后在支撑脚着地的同时，踢球脚自然后摆并以脚尖带动膝关节向前用力踢球，注意脚尖稍向外转，中、长传主要使用脚背内侧踢球的技术。

（3）头顶传球

准确判断来球的高度和落点，并决定起跳的时机和位置。两脚前后或左右开立，两臂自然张开以保持身体平衡，眼睛始终保持注视来球，当顶球时，两脚用力蹬地跳起，同时收腹、甩头用力迎球，尽量顶球的后上部，这样可以使球尽可能地落于队友的脚下，以便其更好的控球。

头顶传球是处理空中球的主要方法，而且可以争取时间和空间的优势，不待球落地已将球传给队友。

（4）传弧线球

弧线球分脚背内侧传弧线球和脚背外侧传弧线球两种。脚背内侧弧线球，踢球腿略带弧线摆动，在踢球的瞬间，踝关节用力向里转并上翘，使球成侧旋沿一定的弧线运行。当传脚背外侧弧线球时，人与出球方向成正面助跑，踢球前，脚跟提起，脚尖着地并内转，踢球瞬间，踝关节用力击球后中部，随后踢球腿向支撑脚一侧的前上方摆动，以加大球的旋转力量。

传弧线球一方面能更快地将球传给队友并组织进攻，另一方面让对方难以断抢。除此之外，还有转身传球、胸部传球、脚后跟传球等难度较高的传球技术需要在熟练掌握基本常用的技术之后再进一步学习和训练。

2.练习方法

（1）直传球练习

队员分两组相对而立，一组中的第一名队员将球直接传给对面组的第一名队员，然后跑向本组队尾等待下次传球。接球队员先将球停好并回传给对面队的队员，同时跑向队尾。练习依次进行。传球后应沿传球方向的外侧跑动，以避免影响其他人传球。训练时由两脚传球逐渐过渡到一脚传球，同时记录在限定时间内准确传球的次数。逐渐加大训练场地，训练中可以结合停球等其他练习。

（2）三角传球练习

选择三个标志物摆成三角形。三组队员分别位于一个标志物后面，其中一名队员持球，根据教练的信号任意将球传给另一小组的第一名队员，然后沿传球方向跑向该组队尾。接球队员传球前，应将球控制在面对传球方向的位置。练习时要记录限定时间内成功传球的次数。还可以增加难度比如限定在1—2次触球后必须完成传球，或者指定技术动作，如搓球或胸部、脚外侧停球等。

（3）个人运球下底传中练习

队员分为两组，分别在场地的两边练习运球下底传中（图7-2）。

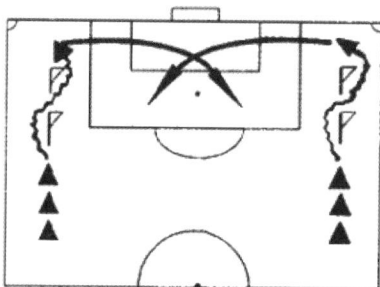

图7-2　个人运球下底传中练习

（4）多人传球综合练习

队员分为两组，A与C一组，B与D一组。A短传给C以后立即插上接C的回传球，并在接球后做45°斜长传。B、D组以相同的方法同时进行练习（图7-3）。

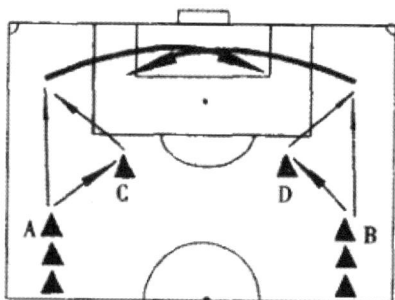

图7-3　短传和斜长传组合练习

（5）交叉传球练习

四组队员每两组相对站立，相对的小组之间间隔20米，开始时某组的第一名队员持球，持球队员传球给对面同伴并跑向对面的队尾，另外两组则抓住空当完成同样训练。这样做的目的是造成有人员干扰时自动避开干扰并顺利完成传球任务。要求接球队员停球后再传球。两组队员尽量同步进行但又避免两球或两人相撞。

（四）接球

接球是指用除了手臂以外的身体其他任何合理部位接控运行中的球。在足球比赛过程中接球本身不是目的，是实现某个战术的衔接技术，主要是与运球、传球和射门技术结合起来发挥作用，虽然是在运球、射门等发挥衔接和辅助的作用，但是接球技术非常重要，接球的质量直接决定着下一个动作的质量和整组动作的质量。因此，运动员必须熟练掌握多种接球技术方法，不能存在技术动作的薄弱环节。接球可以用身体的头部、胸部、腹部、大腿、脚背正面、脚内侧，脚背外侧、内侧及脚底等部位，根据来球的性质可分为完成接地滚球、高空球、低空球和反弹球。根据接控球后球的运行方向可分为向前、向侧、向后转身接球。根据与其他技术的组合可分为接运、接传和接射几种不同类型。

1.动作解析

（1）脚背正面接球

支撑脚维持身体平衡，接球腿屈膝向前上方抬起，用脚背正面对准来球。当球与脚背接触时，小腿与脚腕放松下撤，缓和来球力量并使球落在身前（图7-4）。

4.大腿接高空球

接球腿大腿抬起，以大腿中前部对准下落的球，当球接触大腿时，顺势向下撤腿，使球落在下一个动作所需的位置上（图7-5）。

（4）脚内侧接空中球（图7-6）

用脚内侧接空中球需要先提大腿并外展，使脚内侧对准来球，当来球力量较大时，要学会先迎后撤的技术，同时大腿、小腿放松下撤。如果来球较高，可以跳起做上述动作。

图7-4

图7-5

图7-6

5.胸部接球

身体正对来球，两脚前后或左右开立，两膝稍屈，上体略后仰；当胸部与球接触时，脚跟提起，憋气，同时向上挺胸，使球在胸部轻轻弹起（图7-7）。

图7-7

2.训练方法

（1）将球踢高，然后进行接反弹球的各种练习。

（2）利用足球墙进行练习。通过足球墙对不同的接地滚球方法进行练习。开始原地接地滚球，然后迎上去接地滚球，或开始在脚下接地滚球，然后接在设想的适宜位置上去。根据需要增加踢球的力量，使反弹球速提高，也可以将接球难度提高。

（3）抛接球训练。二人一组，相距5米面对面站立，一人用手抛球，另一人练习接各种空中球（如大腿、腹部、胸部、头部），练一段时间，二人之间的距离可以增加，也可逐渐加大力量或增加旋转以接住不同的来球。

（4）接球稳定比赛。画一个圆圈，半径为2米。一组有5名运动员，每轮游戏需要两组运动员共同参加。开始游戏后，一组运动员传球，一组运动员接球。每次游戏分为5轮，每轮游戏开始时，接球组选一名运动员进入圆圈接球，传球组站在圆圈外，每人持一球传球给接球的运动员。负责接球的运动员成功接球一次得一分，接球游戏全部完成后，两组队员交换角色继续游戏。得分最高的一组获胜。

（五）运球过人

运球过人是指运动员在移动中保持身体平衡、平稳控球运行的同时，判断对手的意图和即将采取的动作，通过破坏其身体平衡，然后越过对手的方法。如前所述，现代足球比赛节奏快，对抗异常激烈，因此运球过人的实际数非常突出。它一方面可以维持控球权，又可以破坏对方的防守与平衡，创造以少打多的局面，同时还可以控制比赛节奏，创造最佳的传球、射门得分的机会。可以说运球过人是运动员自信心、战术意识、经验及高超控球技巧的综合体现。

1.动作解析

（1）扣球变向过人

一般扣球分为两种，用脚背外侧扣球叫作外扣，用脚内侧扣球叫作内扣。扣球过人常用于让球的运行方向发生较大变化的情况。准备变向时，抬起运球腿并向下压，用脚内侧或脚背外侧扣球，使得运行中的球急停或者变向。

（2）拉球变向过人

拉球是指用脚掌迅速将球从一个方向向相反方向拖拉的动作，从而达到过人的目的。

2.假动作过人

（1）虚晃动作过人

过人动作常常要借助虚晃动作或者诱导动作实现，比如当防守者正面来抢球时，持球者可用运球脚的内侧佯装向一侧拨球，待对手向同侧转移重心后，迅速用运球脚外侧向相反方向拨球，同时配合身体的虚晃以达到更好的效果。这个动作的核心是准确判断对手重心转移之后再反向拨球。

（2）跨步假动作过人

当对手从身后追抢时，控球一方可以佯装让球在裆下跨步迈过，做出向跨步方向运球的姿势，同时身体配合向前，当对手相信并重心转移后，迅速向反方向转身运球，实现成功过人。

（3）速度变化假动作

运球时假装减速以诱骗对手减速，然后以远离对方的脚突然发力，使球加速运行至稍远的目标位置，完成加速过人。

3. 训练方法

（1）内引外拨

控球一方用脚内侧做斜线内引运球，控制速度，当听到教练的信号后，控球球员快速改用脚外侧拨球，并起动加速将球控制后再做斜线内引运球，以此重复练习。

（2）一攻一防

两人一组，一人持球、一人防守进行过人突破练习，防守者可由消极防守逐步过渡到积极防守，两人交换角色练习，如果两人水平相当可以谁控制球就由谁进攻，另一人防守。如果两人水平略悬殊，为防止一人长时间控球，可以规定每人的控球时间，总之让每个人都得到充分的练习。

（3）变向运球

以旗杆或者其他障碍物辅助，球员运球至旗杆处做变向过杆，旗杆间距为5米。做完后慢速运球返回原处，依次循环练习。

（六）抢球

在足球比赛中进攻和防守常常会快速转变，成功的防守可以瓦解对方的进攻，同时也是进攻的开始，是进攻的前奏，防守技术与进攻技术同等重要。而抢球是防守技术的总称，它包括抢球、断球、封堵、铲球四个方面。

1. 动作解析

（1）抢球（图7-8）

正面抢球时要降低身体的重心，以便快速起动。眼睛紧盯对方脚下的球，选择对方触球脚离开球准备着地，重心未稳之时，或趁对方接球后还未将球完全置于自己控制范围之内时，快速跨步，上体前倾身体重心落在抢球脚上，用抢球脚的内侧封挡球，将球抢在自己的控制之下。有时会出现在抢球过程中双方的脚同时夹住球的状态，此时，抢球者需顺势抬腿向上提拉，使球从对方脚面滚过，完成抢球。

图7-8

（2）断球

抢球前处于对方身体侧面的防守者，注意观察来球的路线、落点和速度，并降低身体重心，判断后果断快速起动，以靠近对方的肩抢在前压住对方，可用脚、胸等部位，将来球抢断，置于自己的控制之下。

如果防守球员处于对方身后试图断球时，要快速绕过对手或者运用合理冲撞，总之要争取时间抢占断球位置。

如遇高球，处于进攻者侧面的防守者快速抢先以靠近对手的脚踏在对方的侧前方，并用力蹬地跳起顶出来球。

如果防守者处于进攻者后面，可抢先起跳并使身体略微向前，以封住对手的起跳空间，使对方无法跳起，从而获得有利机会将球抢断。

（3）正面铲球

铲球是一种带有较强攻击性的动作，应谨慎使用。练习时两名队员一组，一名队员持球，练习防守的球员在相距6米左右时听教练口令，并向前封堵对方的运球路线。当两人接近时，防守者选择对手拨出球且球离身体较远时迅速下降重心，双脚沿地面向球滑铲。

（4）合理冲撞抢球

两队员一组同方向站立。练习开始，听教练员口令，两人在慢跑中做适当的合理冲撞，体会冲撞技术使用的合理部位和时机。然后加强运球练习，一人控球，听教练员口令，跑动中运用合理冲撞技术冲撞对手使其重心不稳，乘机将球抢到。

（5）侧面转身抢球

两人一组，队员甲持球，队员乙站位于球的侧面3—4米处。练习时，听教练员口令，队员乙做两三步助跑，对准球上步做半转身抢球动作，当乙触球瞬间甲也用脚触球，让抢球者体会上步转身动作及脚的触球部位。两名队员可轮换练习，方向也要依次变化。

（6）侧后方铲球

球员面对面站成两列横队，相距4米。练习时，第一组做同侧脚铲球的模仿练习，另一组进行观摩和帮助纠正。铲球时，用异侧脚用力蹬地，同时呈跪撑使身体向前跃出，同侧腿沿地面向前滑出的同时向外摆腿，用脚背外侧踢球。也可用脚尖将球捅出，两手着地支撑。两组轮流做左、右脚铲球的模仿练习。当动作基本掌握后，可在两组之间放置若干球，然后队员重复上述练习。

2.训练方法

（1）一对一抢球

多名队员分为进攻组和防守组进行练习，两组相距20米。一组运球前进，一组抢球，重复练习。练习时可以进行计分比赛。

（2）头顶球断球

将球员分为进攻方与防守方，练习传出边路或中路高球，防守者争顶抢断。

（3）铲球

进攻者运球前进，防守者跟随并伺机铲球。练习时注意安全。

（七）射门

射门是完成进攻中最关键的技术，射门技术的好坏直接决定着比分和整个进攻的成效。各种射门技术都要掌握到非常熟练，才能当机会来临时以临门一脚实现射门。

1.动作解析

（1）运球射门

运球至最后一步距离稍远，以便于助跑发力。由于运球射门时球是向前滚动的，所以支撑脚着地较球适当靠前，留取一定的提前量。运球射门较多是用脚背正面和脚背内、外侧踢球。脚背正面踢球时支撑脚脚尖正对出球方向，膝稍屈，支撑脚着地的同时，踢球腿向后摆动，大腿带动小腿，当大腿前摆接近垂直时，小腿屈膝折叠，前摆时，小腿加速前摆，脚跟立起，用脚背正面部位击球的后中部。击球时身体保持稳定不要后仰。击球后身体随前移动，准备衔接下一动作。射门时的用力方式与脚背内侧与脚背外侧传球是基本相同的，区别仅仅在于运球至最后一步时将球推向斜线，例如，用右脚射门时，要将球推向右脚的外侧斜线，以便助跑上去用脚背内侧击球，并击球的后中部。

（2）直接射门

直接射门时对来球不做调整争取直接踢球射门。

①正面地滚球射门，需要球员主动上前迎球踢球，比如接地滚球直接射门时，支撑脚着地较球靠后，留取一定的距离，根据实际情况选择踢球的用脚部位。需要注意的是要考虑到来球处于运行中，触球时会有反作用力。射门时身体要稍前倾，摆腿时前摆不要太大，击球的后上部，以保证射出的球的高度不超过球门横梁。

②侧面地滚球射门，支撑脚着地位置要视球来的方向而定，留取提前量，要在完成摆腿动作、即将击球时，滚动中的球正好处在滚至预判的位置。

③如果是高球直接射门，可以踢凌空球和反弹球方法。踢正面跳起背向踢凌空球时，先根据球的路线判断好落点，踢球脚上步蹬地起跳，同时另一条腿上摆，身体腾空后仰，在另一条腿下摆的同时，踢球腿大腿带动小腿快速向上挥摆，在空中以脚背正面踢球的后中部。

④踢侧身凌空球时，身体侧对出球方向，支撑脚脚尖指向出球方向，上体向支撑脚一侧倾斜，倾斜程度视来球的高低决定，来球较高，倾斜程度较大。摆腿踢球时身体随出球方向扭转，大腿抬起并带动小腿向出球方向摆动，用脚背正面击球的后中部。

⑤遇高球顶球射门时，其动作与传球动作基本相同，助跑距离稍远，在空中顶球摆腰甩头动作稍大，速度更快，用力更大。

⑥遇离身体较远的平空球，可采用鱼跃顶球射门。做鱼跃顶球时，脚用

力向前蹬地，身体呈水平状态跃出，眼睛注视来球，利用身体向前跃出的冲力，以前额正面顶球。顶球后，两手手心向下先着地，接着以胸部、腹部和大腿依次着地，以缓冲冲击力。

⑦踢反弹球射门时，也是判断好球的落点是第一步，当球即将落地时，踢球腿大腿带动小腿急速前摆，在球落地后反弹离地的瞬间，用脚背正面或脚背内、外侧击球的后中部。

（3）接球射门

接球射门的关键在于接球与射门两个动作的衔接，接球要将球接到自己最得力的位置，尽量一次触球就能平稳控球，然后迅速发动射门。接球的同时要判断附近的防守者的位置，以身体为屏障，以远离防守者的脚射门。如处防守者比较密集，则需要将球接在身体较近的位置。

（4）任意球射门

大力踢球和踢弧线球是任意球射门的主要方法。大力踢球时主要采用脚背正面和脚背外侧部位踢球，助跑距离适当远一些。弧线球主要用脚背内侧和脚背外侧踢球。如果任意球罚球地点在球门柱的两侧，可选择大力踢球射向球门近侧角，或者踢弧线球绕过人墙射向球门远侧角。如果地点在中间，可大力踢球穿过人墙的空隙射门，也可踢弧线过顶球绕过人墙射门。总之，弧线球是杀伤力非常强的一种技法。

2.训练方法

（1）远射比赛

将所有练习者分为人数相等的两队，每队分别选派一名球员充当本队的守门员，剩下的球员每人持一球站在中圈里。游戏开始后，任一队先开始游戏，依次运球至罚球区外大力射门，进球即得1分。两队都完成游戏后，哪一队得分高，哪一队获得游戏的胜利（图7-9）。游戏中，要求球员必须在2分钟内完成射门，时间从球员第一次触球开始计时。规定时间内未完成射门者视为失败；球员可在规定的时间内，在罚球区外任意运球，但不能在罚球区内射门，否则即为失败；守门员可站在罚球区内的任意位置防守，但不能跑出罚球区防守。

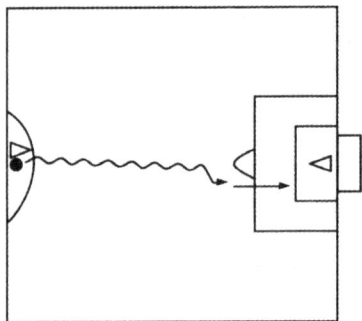

图7-9

（2）运球过杆射门接力

选择一块足球场地，从罚球区外延向球场内方向每2米设置一根标枪，共10根。在最后一根标枪后2米处画定一条起点线。将球员分为人数相等的两队，站立在起点线后。每一名球员各持一个足球。游戏开始，任意一队先开始游戏。第一名球员迅速运球连续绕过标枪（必须连续绕过每根标枪）后，将球直接射进球门。下一名球员再迅速运球绕过标枪后将球射进球门，依此类推，直至所有球员都完成一轮，游戏结束。用时少的队获胜（图7-10）。

图7-10

（3）侧身凌空球射门比赛

在一整块足球场地上，将球员分为人数相等的两队，每队各选派一名球员充当本队的传球人。传球人站在球门区与球门线的交点处，其他球员站在球门区以外。游戏开始后，任意一队先开始游戏。传球人将球传向罚球区内任意一点，射门的球员迅速跑到球的落点处，球未落地前，侧身凌空将球射进球门。球员可在射门前用除手臂以外的身体任何部位调整来球，但触球次数不能超过3次（包括射门）。射门成功得1分，不成功不得分。游戏结束后，得分多的队获胜（图7-11）。

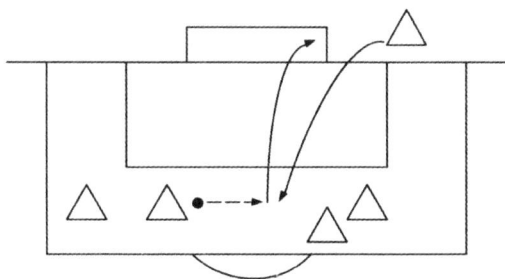

图7-11

（4）任意球射门比赛

在一整块足球场地上，将球员分为人数相等的两队，每人持一球站在罚球区外。然后将球门进行一定的设置，从两球门立柱向内1米处，各绑一根与球门同高的竹竿。将竹竿到球门立柱的两侧区域划分为2分区，剩下的球门内区域为1分区。游戏开始后，任意一队先开始游戏，每名球员将球放在罚球区以外的任意地点，依次将球射向球门，球员射出的球必须离开地面，否则视为射门失败不得分，注意不能连续两次触球。射进2分区得2分，射进1分区得1分，没有射进不得分。所有球员射门后，得分总和高的队获胜（图7-12）。

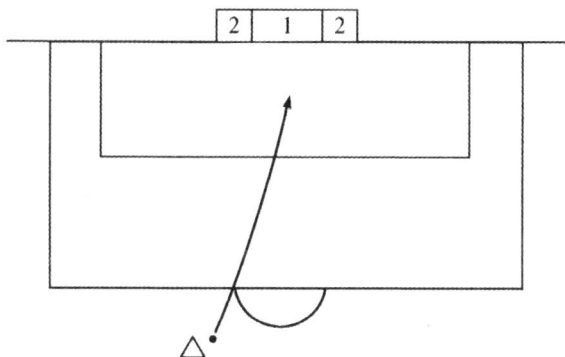

图7-12

（5）点球大战

在半块足球场地上，将球员分为人数相等的两队，每队选派一名球员为本队的守门员。游戏开始后，所有球员都站在罚球区外，由任一队开始罚球。按照足球比赛的规则，每一轮罚球各队各出一名球员，进球得1分，不进球不得分。直到所有的球员全部完成罚球，游戏结束，得分高的队获胜（图7–13）。

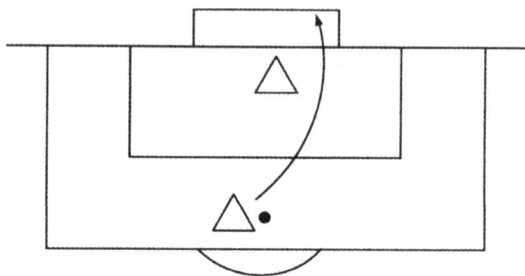

图7–13

三、守门员技术

守门员的特殊位置决定了他与其他队员之间有许多不同特点，足球比赛中，球门区是攻守矛盾的焦点。守门员技术的好坏，对比赛效果有着直接的影响。守门员的技术包括准备姿势、选位、接球、扑接球、拳击球、托球和发球等。守门员需要更果断、准确和迅速，任何一点小小的失误都可能让球队之前的配合与努力付之东流。对于青少年足球运动员来说，掌握正确规范的技术动作是成为一名优秀守门员的前提。

（一）准备姿势

1.动作解析

两脚左右开立与肩同宽，屈膝，上体稍向前倾，两脚脚跟稍提起，身体重心落在前脚掌上。屈肘抬前臂，两手掌心向下，两眼注视前方。

2.训练方法

练习时，教练员发令，守门员做准备姿势动作练习。练习熟练后，教练员不断改变站位，守门员随之移动身体方向做准备姿势动作练习。如此反复练习，教练员口令提示，示范指导。

（二）选位

1.动作解析

守门员的选位以最大程度地封挡对方的射门角度为目标。理论上守门员应站在射门角的分角线上，才能左右兼顾。随着射门点的改变，射门角度在发生改变，守门员的选位也应随之改变。因此守门员要适当靠前以缩小射门角度，如果射门点较远时，站位还要考虑高球射门的可能，此时不宜太靠前。如果球在对方半场，守门员可站在罚球点附近或更靠前些，并与后卫保持一定距离，以扩大活动范围。

2.训练方法

在罚球区外设若干点，球员A、B、C、D、E分站各点上，并做互相传球，守门员根据球所在方向和地点，随时调整自己的站位。

（三）接球

1.动作解析

（1）接地滚球

当地滚球离身体不远时，身体正对来球，前腿开立并弯曲支撑身体重心，后腿侧向跪立，同时两臂下垂，两肘内靠，掌心向前，前伸迎球，在手触球后，两手臂快速后引，屈肘、扣腕将球抱于胸前，待球接稳后再站起。

（2）接平空球

守门员身体正对来球，两脚自然开立，上体前倾，两臂下垂并屈肘前迎，两手掌对球。当手触球的刹那两臂后引屈肘将球抱于胸前。

接高位的正面空中球时，两臂屈肘上举，屈肘的程度视来球高度而定，两手拇指成"八"字相对，手指张开做合球状，触球时，手腕紧扣，注意不要让球脱手。接球后手臂向下回收，掌心向上，将球抱于胸前。

2.训练方法

守门员面向墙距离5米，由教练员从身后持球向墙掷球，守门员全神贯注，注视由墙反弹回的球并快速接住。守门员面向墙的距离视熟练程度调节远近，教练员掷球的力量视守门员的熟练程度调节大小，也可和其他队员一起练习，教练员向配合练习的球员头上掷球，守门员接队友头上的回顶球。

（四）扑接球

扑接身体两侧地滚球或低空球时身体重心要低，以离球近的脚蹬地，身体向来球一侧倾斜，以离球近一侧的小腿、大腿、臀部、上体侧面和手臂外侧等部位由下至上的顺序依次着地。同时两臂向前伸出，以离球近侧手接球的后中部，挡住球的飞行路线，另一只手接球的上部，接球后将球收回胸前。如果来球太远还需要移动，移动一般采用滑步或交叉步。

（五）拳击球

用双拳击球时，两臂屈肘，两手握拳置于胸前，利用前臂的屈伸完成击球，双拳快速击中球的后下部，将球击出。如果用单拳击球，击球手臂握拳后引至肩上，利用前臂的屈伸快速将拳冲出，击球的后下部，击出球。

（六）托球

托球时手臂上举向后摆动，用手掌托球的下部，借助球运行的惯性将球托出横梁或改变运行方向

（七）发球

1.发地滚球

发地滚球是守门员最常用的技法之一，首先两脚前后开立，单手持球于

体侧。掷球前持球手臂后摆，同时身体随之侧转成侧前屈，重心移到后脚上。掷球时，利用后脚向后蹬地和挥臂、甩腕、手指拨球的力量将球掷向预定目标。

2.单手肩上发球

守门员单手持球，屈臂于肩上。掷球前，持球手臂后引，同时身体随之侧转，重心移到后脚上。掷球时，利用后脚向后蹬地、转体和挥臂、甩腕的力量将球掷向预定目标。

3.单手侧身勾手发球

守门员身体侧对出球方向，两脚前后开立，单手持球后引，重心移到后脚上。抛球时后脚用力蹬地，同时转体，重心移向前脚。当持球手臂由后经体侧沿弧线摆至肩上时，手指和手腕用力将球抛向目标位置。

4.踢球发球

守门员可以踢自己抛的球或者踢自己抛的反弹球，守门员的踢球发球一般用于发远球，所以是向前上方踢。

第二节　青少年足球人才的战术训练

一、现代足球的战术特征

如今，现代足球无论是技术还是战术都发展得相当成熟，尤其是职业足球的兴起和发展，将足球的技战术推到极高的水平。足球运动发展的一百多年时间里，几次重大的变革都是通过战术的革新而实现的。总体而言，现代足球战术仍然沿着快速、全面的方向发展。具体体现在以下几方面。

（一）多层次攻防

近年来足球战术发展的一个显著特点就是利用球场的纵深，设计多层次的进攻与防守。比如以进攻布局为例，前锋队员虽然较少，但前卫的插上、边卫的助攻等都给进攻队员提供了更多的进攻空间，形成多层次进攻局面。由攻转守时，在前场担任前锋的队员即展开回抢，中后场，接近球者积极封抢，远离球区的队员进行盯人、补位和保护，给对方进攻增添困难。

（二）攻防随时转换

进攻的同时不忘记防守是现代足球战术的另一显著特征。"不顾失球的进攻"的战术已经过时了。巴西足球就是因为"只要进球多于丢球"这一观点让他们付出了二十多年的代价。实践证明，只有攻防技战术、攻防意识俱全的球队才是真正的强者。在比赛中，集中进攻留下的空当，总会有其他同伴去补位，不给对手留任何可乘之机。而在防守中，也随时伺机进行反击和进攻。诸如此类的战术行动都表现出现代足球的战术特点，即进攻是建立在稳固防守的基础上，防守中蕴藏着极强的进攻意识。

攻防的成效在于时间和速度，这是现代足球战术中的另一特点。据统计数据显示，按60分钟的纯比赛时间来计算，平均每分钟就有2至3次攻入前场的攻防活动，进攻中力求投入更多的人员，以增加进攻的威胁性，防守时也力争投入更多的人员以增强防守的稳固性，这是世界各国战术主流。这种打法的核心诉求就是提升攻防成效。换一个角度，也可以理解为现代足球战术的本质是对场上有限的11名球员的能力进行最大化的利用，当然是在合理的范围之内。这与现代足球要求球员技术全面化形成呼应，全面掌握技术是升级更先进战术的基本条件。

（三）双方争夺中场

从近年来世界足球战术发展中最为流行的阵形3-5-2、4-4-2、5-3-2不难看出，各队都是重兵镇守中场，这再一次印证了"中场是足球比赛的关键，是比赛的灵魂"。把握了中场的控制权才可以能攻能守，灵活组织和调整，才能提高战术的质量。

二、个人攻防战术

个人战术包括球员控球时和无球时都要具有战略意识，并快速采取相应的技术行动。个人战术的水平决定了整体战术水平的高低。另外，个人战术水平还可以提高整体战术水平价值。

（一）战术分析

1.跑位、接应

（1）跑空当

球员突然起动以摆脱身边的防守者，向无人的空位上跑动接应。跑位时可能同时存在几个空当，应根据具体情况以及防守队员的移动情况选择接应空当。如果已经有同伴跑向同一空位，应即刻变向，选择另外空位接应。

（2）跑第二空当

有时因为对方的紧逼，直接空当接应往往难度较大、效果较差，此时需要跑第二空当。

（3）交叉换位跑动

在跑动接应时往往是一动全动。球员可根据同伴跑动的方向进行交叉换位跑动，打乱对方的防守阵型，达到接应目的。

（4）补位

当本方防守队员有掉位、被突破或漏人时，邻近队员必须移动补位。

（二）训练方法

1. 交叉换位配合

训练时一名队员快速斜线向内斜前方运球，另一队员则快速向斜前方队友的身后跑动，当两人交叉时，控球队友留下球继续跑动。接球队员接球后向外侧斜前方向运球，再向内侧斜前方运球，重复练习直至对面边线。两人交换角色再从另一侧边线做回起点。

2. 跑动交叉换位反向传球

训练时持球队员运球跑动并与无球队员交叉换位，交叉后持球队员向无球队员跑动的相反方向斜传球，并转身向该方向跑动。无球队员接球后向另一侧运球跑动与传球跑动的队员交叉换位。如此往复传球跑位至对面边线，两人交换角色练习。

3. 跑动中传第二空当

三名球员一组合作练习，每两人之间间隔5至6米，站在球门线附近。A队员持球，B队员向A斜前方跑动，跑至A斜前方时，另一侧的C队员突然起动，A队员将球传给C号，然后向C的斜前方跑动，然后C传球给B，然后向B斜前方跑动，如此交叉换位跑动传球至中线。

三、整体攻防战术

整体攻防战术是全队采取的基本方法、路线、对策。它代表着整体的意志，允许做局部的变化和调整，但最终都遵循既定的方法、路线和对策。整体攻防战术水平是球队的最高意志和方向，是实现攻防总战略的具体实施。

（一）战术分析

1. 边路进攻

（1）边线强攻

进攻由后场推进至中场后，将球传到对方的边后卫身后，由边锋发挥速度的优势，强行突破对方防线，边线强攻多用于4-3-3阵形。

（2）前卫套边

当本方进攻至前场时，边路的队友有意识地向中间移动，目的是牵制对方队员移向中间位置，留出边路空当，此时前卫队员隐蔽迂回至边路并接球助攻。

2. 中间进攻

（1）渗透进攻

进攻方运用传球、运球过人，向对方防线层层渗透，最后达到射门的目的。一般情况下，中间进攻与边路进攻结合运用，使对方防线拉开，出现空隙和破绽，进攻方伺机射门。

（2）中场插上进攻

在渗透进攻的基础上，前锋队员有意向回策应，留出身后的纵深距离，使后排队员插上进攻。

3. 反击进攻

（1）快速反击

无论在哪个场区和点位，一旦控球就立即以最快速度组织反击。

（2）长传反击

当在后场截球后无需经过中场过渡，可经过1—2次传球，或直接长传给第一线的前锋队员，前锋队员发动直接射门或传中射门。

（二）训练方法

1. 两人进攻配合

球员两人一组，相距6米，并排站在边线与罚球区竖线间的球门线附近。练习时，先进行斜传跑动，越过中线后外侧队员接球后运球全速内切，内侧队员斜线向外侧跑动，两人交叉后，运球队员反方向传球给外侧跑动队员，然后跑向罚球区。接球球员运球跑向罚球区的队员抢点射门。

2. 边路进攻配合

两人一组，共四组球员站在中线的两侧。第一组练习身后斜插接球下底传中包抄射门，第二组练习身后套接传中球包抄射门，第三组练习交叉掩护二过一下底传中包抄射门，第四组练习"墙式"二过一下底传中包抄射门。

第三节　青少年足球人才技战术意识的培养与提高

仅就技术层面而言，只要是经过科学、刻苦训练，一般来说，除了少数天赋异禀的天才球员之外，大多数球员之间的差距是可以不断缩小的。但是战术意识的水平差异却可以令比赛效果截然不同。因此青少年足球人才的培养，务必要加强技战术意识的熏陶和锻炼。意识是足球运动的灵魂，影响着技、战术的发挥。一个运动员看似有技术而意识不强，那么在比赛中运用技术往往是盲目的。

一、足球技战术意识的概念

（一）足球技战术意识的含义

足球运动员在比赛中的技战术意识，就是运动员根据一定的战术目的，合理运用技术和战术的思维活动。它是运动员技战术能力的综合体现，表现为在激烈、紧张、复杂的比赛中，运动员能迅速选择合理的技术手段和恰当的战术方法以获得优势局面，它体现了运动员的瞬时决断力。在整场的比赛中，战术意识是指导运动员之间有效配合、完成比赛任务的基础条件。在比赛中，良好的战术意识要具备以下特征：明确的目的、准确的预见、灵活的应变以及有效的行动。运动员技术的发挥必须基于确定的战术目的，并迅速地对临场的复杂情况进行观察、分析和判断，最终确定行动目标，采取最佳方案。要培养一名优秀的足球运动员往往至少需要十年以上的时间，而技战术的培养更是贯穿了足球运动员的整个运动生命周期。

（二）足球技战术意识的特点

1. 技术高超

随着现代足球的高度发达，从某种意义上讲，足球比赛就是两只球队在场上错误率高低的较量。娴熟的技术能力是基础，强大的心理素质是技术能够正常发挥的保障，运动员通过经验的积累，对技术的运用也会越发的游刃有余，甚至有时表现出极高的艺术性和观赏性。

2. 目的性强

任何技术都是为了达成某一个战术目的而服务的，现代足球技术的运用有明确的目的性，也就是说个人的技术运用要服从全队的战术需要。任何多余的、华而不实的盲目行动都将损害球队的利益。

二、青少年足球人才技战术意识的培养

（一）抓住青少年的敏感期

运动员首先要具有比赛理解能力，可通过专门的、有针对性的运动训练来获得以及提高。有研究表明，感知和认知能力根据训练与比赛经验的增加而提升。比如高水平运动员在观察对手组织布局时能准确地预测出核心队员，并且能有效地通过对手的身体姿势预判其下一步将采取的行动。对于青少年足球运动员来说，这需要他们在大量的训练和比赛中悉心观察和积累经验。

足球运动员的技战术意识会随着年龄的增长以及比赛经验的累积而不断丰富、加强，特别是青少年足球人才更是具有极强的可塑性。在青少年足球后备人才的培养过程中，应抓住运动员战术意识发展的敏感期，采取适当的措施加强青少年运动员战术意识的培养，并将其贯穿于各种训练计划中。

（二）由简到繁、由易到难

战术意识的培养要遵循由简到繁、由易到难的层次结构进行。青少年运动员在发展各项能力的过程中，都是由低级到高级的层次逐级发展进行的。在培养的过程中也应该遵照这样的规律，设计不同的训练内容，以基础层次水平、发展层次水平和高层次水平的顺序慢慢增加难度。同时，足球技战术意识还可分为思维活动和行为活动两方面，运动员只有先具备了精确的行为活动能力，通过不断地训练与比赛，其抽象思维能力才能逐渐得以培养，并在储备大量的战术知识的前提条件下，才会做出有效的战术行为。所以，运动员战术意识的培养和形成遵循着一定的时序性，是在运动员不断对各种比赛场景的理解、吸收、消化、运用的过程中形成的。

第八章　青少年足球人才系统性训练的保障体系

　　培养青少年足球人才，对青少年足球运动员进行系统性训练，不仅要建立完备的训练内容与方法体系，还要建立科学的训练保障体系，将医务监督、营养补充、运动保健等内容纳入保障体系中，从而为提升足球系统训练的效果及足球人才培养效果而提供全面保障。本章着重对青少年足球人才系统训练的保障体系展开研究，主要内容包括青少年足球人才训练的医务监督、营养补充以及运动保健，这几方面的训练保障应该贯穿于系统训练的整个过程中，确保系统训练工程的科学、有序及安全推进。

第一节　做好医务监督工作

一、青少年足球人才训练医务监督的主要内容

（一）检查身体情况

在青少年足球运动员训练的医务监督中，首先要对运动员进行体格检查和机能评定，从而了解运动员的身体状况、机能能力，检查和评定结果可作为运动员选拔、训练和比赛的参考依据。在训练前应该对运动员进行全面的体格检查，这一阶段的体格检查也叫"初诊检查"。在正式训练的不同阶段也要进行体格检查，即复诊检查和赛前检查，在特殊情况下需要请专家会诊。

（二）训练的医学监测

随着现代竞技足球运动发展水平的不断提高，对青少年足球运动员训练的要求也越来越高，表现为训练越来越系统、强度越来越大，这是提升青少年运动员运动能力和竞技水平的重要保障。为了使青少年足球运动员更好地适应系统而严格的训练，需要全面了解和掌握其身体机能状态、机能潜力、运动适应能力，从而为制订训练计划、营养计划以及考虑身心恢复措施而提供科学依据。人的生理活动与代谢过程随着机体运动而发生相应变化，所以要评定青少年足球运动员的身体机能状态、机体适应能力，就要做必要的医学检查，尤其是在测定多项生化指标后进行综合分析，从而科学诊断运动员的疲劳程度、恢复情况，并据此来预测运动成绩，防治运动损伤。

（三）营养、卫生指导和安全教育

（1）合理营养补充可保障训练效果，所以要科学制订青少年足球运动员饮食方案。

（2）让青少年足球运动员充分了解和掌握关于运动训练卫生、个人卫生的要求，指导运动员进行自我监督，提高其安全防护和自我保护意识。

（四）消除疲劳

经过大强度训练后，运动员身心高度紧张，在训练结束后要及时消除疲劳，以免疲劳积累，影响健康和接下来的训练。

（五）预防和治疗运动性伤病以及传染病

青少年足球运动员在大强度训练中容易发生运动创伤或疾病，在陌生环境训练也易出现传染病。对于易受伤的部位和发生率高的损伤，必须有针对性地加强预防，及时调整训练计划和完善医务监督计划。

对于运动性伤病和传染病，坚持早发现、早治疗的原则。同时要加强卫生防疫工作，提高青少年的免疫能力，预防传染病。

（六）现场急救

在足球训练中，有时会因为各种原因而发生休克、窒息、骨折甚至猝死等意外伤害事故，因此必须提前做好现场急救准备，一旦发生意外，及时采取救护措施，减轻伤害，为专业治疗打好基础。

（七）完备的医学服务

（1）及时掌握运动员的身体健康状况，严格监控运动员使用的药品和营养补剂，以免误服违禁药物。

（2）详细了解训练或比赛地的传染病情况，做好应对准备。

（3）合理安排运动员的行程时间，在途中及时处理运动员出现的各种疾病和不适症状。

（4）到达训练或比赛地后帮助运动员消除疲劳，克服时差障碍，使其尽快适应新环境，达到最佳状态。

（5）合理安排运动员的生活制度，严格检查食宿卫生，保证睡眠和休息。

（6）了解训练或比赛地的医疗情况，做好急救准备工作，应对训练或比赛中的紧急事故。

二、青少年足球人才训练医务监督的常用指标

（一）脉搏

在足球训练中，可以通过测量脉搏来判断运动强度是否合理，如脉搏超过180次/分，为大强度；脉搏150—180次/分为中等强度；脉搏低于144次/分为小强度。[1]此外，可以通过比较完成同样定量负荷训练后的脉搏和比较极限负荷或力竭性负荷训练后的脉搏来了解训练时的机体状况。

（二）血压

血压是反映运动员机能状态及疲劳程度的常用指标。排除健康原因，如果清晨血压较平时增加20%，并且持续2天以上不恢复，则表示运动量过大、过度疲劳或机能下降，所以要避免连续参与大强度训练。

---

① 顾丽燕.运动医务监督[M].北京：北京体育大学出版社，2009.

（三）血糖

训练期间，如果血糖正常，运动成绩提高，说明机体功能状况良好；如果血糖持续下降，运动成绩下降，则说明运动时间过长、运动量过大，血糖利用过度或葡萄糖过量消耗。

（四）血乳酸

血乳酸是体内糖无氧酵解的代谢产物，血乳酸水平可作为区分有氧代谢和无氧代谢的指标，从而控制训练性质。

训练期间，血乳酸水平越高，说明机体无氧代谢程度越高，即训练强度越大。监测训练强度采用血乳酸作为指标时，注意应在运动后3—10分钟内取血。

（五）血尿素

血尿素水平是测试机体对运动负荷的反应能力及训练后恢复情况的医疗指标。通过安静时的血尿素水平可以了解机体的蛋白质代谢情况，血尿素水平明显升高表示机体疲劳。

在青少年足球运动员的系统训练中，一周内每2天查一次清晨血尿素水平，动态观察血尿素，评定运动员的身体机能水平和疲劳状况。

（六）呼吸机能

1.肺活量

肺活量主要反映肺的通气能力，机体疲劳时，肺活量下降。五次肺活量试验是测定呼吸系统机能的一种方法，要求受试者连续完成5次肺活量的测定，每次必须在15秒内完成，观察5次测量数值和变化趋势，了解受试者的呼吸机能水平。数值较大，5次结果基本保持不变或逐渐增加，表明呼吸系统机能良好；数值减少和5次结果逐渐减少，说明呼吸机能不良。

2.最大摄氧量

最大摄氧量反映机体吸收和利用氧的能力，与机体有氧能力关系密切。最大摄氧量既能反映人体在有氧极限负荷训练下的心肺功能水平，又可以判断运动员的身体工作能力。最大摄氧量受性别、年龄、民族、遗传、训练等多种因素的影响，但主要取决于最大心输出量，即与心功能的强弱密切相关。训练期间，最大摄氧量值稳步提高，说明训练良好，心肺功能提高，机体状况良好。长期参加足球系统训练的青少年运动员，其最大摄氧量高于训练不系统的运动员。

3.最大通气量、补呼气量、补吸气量

利用专门仪器测定最大通气量、补呼气和补吸气量，以了解机体的连续换气能力。

（七）心血管机能实验

在青少年足球训练过程中，为了解运动员的训练效果或身体机能状况，可评定其心血管机能，从而根据评定结果来安排后面的训练。当心血管机能检查出现异常时，应及时调整训练方案。

（八）尿蛋白

正常尿液中不应该出现蛋白，青少年足球运动员在训练后尿液中出现蛋白说明机体产生明显应激。在评价运动员对训练负荷的应激与适应能力时可选用尿蛋白指标，常用检查方法是试纸法。

（九）血红蛋白

血红蛋白是评定身体机能的重要生理指标。青少年足球运动员在训练期间血红蛋白浓度正常，说明机体功能良好；如果血红蛋白较平时下降10%以上，称为运动性贫血，表示身体机能状况不佳，如果训练成绩明显下降，则需及时调整训练负荷。

（十）心电图

通过检查心电图可以观察青少年足球运动员的机能状况。如果训练负荷过大，青少年可能会因为训练过度而出现窦性心动过缓等症状。如果心电图出现多发性早搏、显著窦性心律不齐、长期的不完全性右束枝传导阻滞、S—T段降低和T波倒置等假缺血性复极异常改变，则是过度训练、过度疲劳等引起的心肌损害、心功能下降的表现，应及时调整训练或暂停训练。[①]

三、青少年足球人才训练的自我监督

青少年足球人才在日常训练中必须树立安全意识，掌握基本的自我监督方式，时刻注意自己的身心状态变化，记录好主观感觉，并用简单的生理指标进行客观检查，这样不仅能及时发现健康问题，还能了解训练效果，从而根据主观感觉和客观检查结果而进一步调整训练方案，以不断提高健康水平和训练效果。运动员自我医务监督表见表8-1[②]。

表8-1　运动员自我监督表

姓名＿＿＿　时间＿＿＿

	内容	反应/数据				备注
主观感觉	运动心情	渴望练习		一般		厌烦练习
	食欲	良好		减少		不佳
	睡眠	良好		失眠		入睡难
	排汗量	增多		一般		盗汗
	不良感觉	胸痛		头晕		恶心等

---

① 顾丽燕.运动医务监督[M].北京：北京体育大学出版社，2009.

② 李志宏，周振华.加强医务监督 促进体育教学与训练[J].湖南城市学院学报（人文社会科学版），2002（06）：103-105.

续表

	内容	反应/数据				备注
客观检查	体重					
	脉搏	次/30秒		晨脉	节律	
	肌力					
	运动成绩					
病史						

第二节　重视运动营养的补充

一、青少年足球运动员的营养需求与合理补充

（一）蛋白质

对于普通青少年来说，日常补充蛋白质非常重要，对于青少年足球运动员来说，这一营养素更加重要。处在生长发育期的青少年体重在不断增长，蛋白质在体重增长中发挥着非常重要的作用。青少年组织器官的生长发育也离不开蛋白质，因此青少年对蛋白质的需求量和摄取量高于成年人，按每千克体重来说，摄取量是成人的1.5倍。除了组织器官的生长发育离不开蛋白质外，肌肉的合成也离不开蛋白质的参与，而且对优质蛋白的需求量更大。青少年足球运动员在日常饮食中，要注意补充优质蛋白质，选择的蛋白质食物应该易于吸收，有丰富的氨基酸。一般来说，动物蛋白在吸收方面更好一些，因此可通过喝牛奶、吃鸡蛋来补充蛋白质。青少年女子足球运动员比男子足球运动员更需要补充蛋白质，如果蛋白质补充不足，容易出现贫血症状。所以如果女子足球运动员贫血，未必一定是缺铁造成的，也可能是机体

缺少蛋白质，导致红细胞含量减少而造成的。

（二）碳水化合物

碳水化合物是非常重要的营养素之一，它其实就是人们生活中常说的"糖"。作为三大能源物质之一的碳水化合物在人体骨骼肌的活动中发挥着非常重要的作用。足球是非常考验运动员体能的一项运动，一场完整的足球比赛长达一个半小时，运动员在场上要不断跑动，完成各种踢球动作和无球技战术，大脑也要高度集中注意力，不允许有丝毫的偷懒或分心。如果运动员体能较弱，注意力分散，思维能力、大脑反应速度及运动能力都会受到严重影响。所以足球运动员一定要做好体能储备。碳水化合物的代谢产物——葡萄糖是人体大脑能量来源的底物，青少年足球运动员要提升自己的体能水平，就必须在日常饮食中注重摄取糖类食物，补充足够的主食，从而增强体能，在训练与比赛中有良好的表现，并在训练与比赛结束后很快取得超量恢复效果。青少年足球运动员对碳水类食物的摄取不应该只是在训练中，训练前和训练后同样要适量补充，从而充分发挥能源物质对提升机体运动能力的作用，并在机体恢复中发挥效用。

1.运动前的补充

青少年足球运动员在训练前2小时内补充面包、香蕉等碳水类食物，从而储备足够的糖原。注意在训练前补充糖类食物时，食物易吸收是必须考虑的一个要素。训练前可以同时完成对糖和水的补充，如饮用含糖运动饮料等，如果是在冬季训练，则适宜饮用淡糖水。

2.运动中的补充

在训练过程中主要通过饮用含糖运动饮料来补充碳水化合物，从而维持血糖平稳。

3.运动后的补充

训练一结束就立即补糖，因为经过大量运动后，肌肉对胰岛素产生很高的敏感度，这时快速补糖对疲劳的消除和体能的恢复更有效。运动后补糖越早，机体恢复效果越好。如果在运动后1小时才补糖，那么很难达到良好的恢复效果。

（三）脂肪

脂肪对足球运动员来说同样是必不可少的能量来源，对于青少年球员尤为重要。身体尚未完全发育的青少年其糖代谢能力和成年足球运动员对比相对较弱，因此脂肪在体内供应能量的重要性更为显著，青少年足球运动员在训练中对脂肪供应的能量有很强的依赖性。

现代医学研究表面，在青少年成长过程中，脂肪作为一类重要的营养素是不可或缺的，其直接影响青少年的身体成长、智力发展以及性成熟。青少年大脑神经细胞的发育离不开不饱和脂肪酸和磷脂这些重要原料，脂肪补充是否充分、合理，直接关系着青少年的智力发育水平。同时，青少年足球运动员补充脂肪也有助于促进机体更好地吸收脂溶性维生素（维生素A、维生素D、维生素E等）。

（四）水

足球训练会使青少年球员体内的水分大量流失，在高温环境下进行户外足球训练，更容易流失电解质和水分，如果不及时补充水分，就会出现电解质紊乱、脱水等一系列生理变化，进而导致机体疲劳、肌肉损伤等不良反应出现。

为了防止足球运动员在训练中脱水，必须保证水的充分补充。而且补充水不仅发生在训练中，还应该在训练前和训练后都适量补水，尤其是补充运动饮料或淡盐水，从而使机体流失的体液得到补充，促进体液内环境稳定状态的保持。补水时，既要注意水的温度，也要注意补水量，水温要适中，以温水为主；补水量每次不宜过大，一次少量补水，多补充几次即可。

（五）维生素

不管是人还是动物，其正常生理功能的维持都离不开一种微量有机物质，那就是维生素，而且这种营养素必须从食物中获取。因为人体内本身的维生素含量并不多，只有从食物中获取才能满足人体生长发育的需要，才能促进新陈代谢。

青少年处于生长发育期，也处于物质代谢与能量代谢的旺盛期，因此机体需要大量的维生素。青少年足球运动员每天都需要补充维生素B、维生素C等水溶性维生素，因为这类维生素只在体内存留很短的时间，必须不断补充才能满足生长发育之需。人体内的糖代谢、蛋白质代谢、脂肪代谢等能量代谢都离不开B族维生素的参与，而且B族维生素也是能够直接产生能量的营养物质。青少年运动员适量补充维生素C，不但能够增强免疫力，还能更好地吸收铁，对足球运动训练中常见运动性疾病之一的运动性贫血有显著的预防效果。

（六）矿物质

矿物质也是青少年足球运动员要特别注重补充的一类营养素，其中钙、铁这两种微量元素的补充尤为重要。处于生长发育期的青少年要通过补钙来促进骨骼发育，青少年摄入钙含量丰富的食物，对骨骼健康具有重要的维持与促进作用。

青少年女子足球运动员要特别注意补铁，月经期的女孩更需要补铁，适当多吃一些红瘦肉，以弥补月经期流失的铁。缺铁严重时还需要补充铁剂，但主要还是以食补为主。

二、青少年足球运动员膳食营养现状分析

（一）青少年足球运动员的营养认知与态度情况

首先，我国青少年足球运动员中有很大一部分运动员对基本营养知识掌握得不够，缺乏这方面的认知，而且对已经了解的营养知识缺乏深度理解，以浅层认识为主。

其次，一些青少年足球运动员有较为积极的营养态度，会有意识地学习营养知识，对营养理论知识有比较强烈的学习需求。部分足球运动员对自己的日常饮食习惯不太注意，因为营养知识的缺乏而无法对自己的饮食行为习惯进行调整、控制及约束，从而导致日常膳食中存在很多营养相关问题，有待解决与调整。

最后，部分青少年足球运动员的饮食行为不科学、不健康、不合理，普遍存在挑食、偏食的问题，早餐质量不高，午餐营养不全，晚餐能量过大，而且吃饭时速度快，不利于消化。吃零食、吃垃圾食品也是青少年球员日常膳食中普遍存在的问题。

（二）青少年足球运动员营养补充情况

首先，青少年足球运动员在训练期每天消耗大量的能量，但每天从食物中获取的能量少于消耗量，不能满足机体需要，从而影响了机体代谢的平衡，也影响了训练表现与训练效果。脂肪和碳水化合物这两类供能物质应该是重点补充的营养素，但一些青少年在训练期每天补充的脂肪和糖比例较低，而蛋白质的补充比例远远高于其他两种能源物质，这是不合理的。有些青少年认为多吃肉就能补充能量，因此忽略了对糖的补充。

其次，营养素缺乏是青少年足球运动员普遍存在的问题，有的运动员缺乏一种营养素，有的则缺乏多种营养素，不管是缺乏一种还是多种，都对青少年的生长发育、生活学习以及运动训练造成了制约。有的青少年因为缺乏营养素还造成了运动性疾病的发生，如运动性贫血因缺铁而造成等。不同的青少年都有自己的口味喜好，他们在饮食上表现出很强的主观性，专门挑选自己喜欢的食物，食物种类单一，自然就导致营养不全面、不均衡。

最后，青少年不重视补液，口渴时才喝水，训练前和训练后补液很少，训练中补液找不到合理的时机和方法，导致体液大量流失，造成电解质紊乱或脱水的发生。

（三）青少年足球运动员饮食结构情况

1. 一日三餐能量摄入比例不合理

青少年大都对早餐不够重视，要么不吃，要么吃得很简单，早餐能量摄入明显不够。有的青少年运动员在晚餐中吃很多高热量食物，晚餐摄入的能量在一天的总摄入能量中占较大的比例，而且晚餐与睡眠时间间隔短，不利于消化。总的来说，大部分青少年球员一日三餐能量摄入没有达到适宜的比例，供需不平衡，对运动能力与身心恢复造成了影响。

2. 饮食结构单一，营养不全面

青少年足球运动员每天的饮食比较单一，只摄入少数几种食物，主食除了面食就是米饭，很少吃粗粮，导致机体缺乏膳食纤维。此外，部分青少年球员每日补充的蔬菜、水果、奶制品、豆制品也没有达到合适的推荐量，导致机体缺乏蛋白质、维生素、矿物质等营养素。长期饮食结构单一和营养缺失严重影响了青少年球员的健康成长、运动表现及训练效果。

三、改善青少年足球运动员营养补充现状的建议

（一）对青少年足球运动员进行营养知识教育

学校多开展健康教育讲座和营养教育讲座，体育教师和教练员多宣传与健康和营养有关的知识，使青少年足球运动员认识到健康与营养的重要性，认识营养与运动成绩的关系，并从多种有利渠道获取营养和运动营养的相关知识，提升自己的营养知识素养。学校可以邀请营养学专家或专门的营养师为足球队的球员讲解和足球运动相关的营养学知识，营养师与教练员共同从足球运动的能量消耗特点、青少年足球运动员的身体状况出发而对营养膳食方案进行制订。从而在接下来的训练中严格按照营养膳食方案去安排青少年球员的三餐，食物种类丰富，合理搭配食物，全面补充营养，提升青少年球员的营养水平、健康水平和体能水平。

（二）培养青少年足球运动员良好的饮食习惯

要对青少年足球运动员的健康饮食习惯进行培养，就要对科学合理的饮食计划进行制订。在计划中把每日的三餐时间规定好，尤其要强调早餐的重要性，培养青少年每天按时吃早餐的良好膳食习惯。学校食堂为青少年运动员专门配置营养套餐，使运动员每天补充的能量比非运动员多一些，为运动员合理搭配各种食物，保证其营养均衡、全面。除了正常的一日三餐外，可以适当给青少年足球运动员加餐，加餐以水果、简餐为主，以增加对维生素的补充。为青少年足球运动员提供的晚餐不宜有太高的能量，晚餐能量在一日总能量中不宜占过大的比例。尽可能通过一日三餐的合理营养搭配和适当加餐而满足运动员的营养需求，帮助运动员克服吃零食、挑食、偏食、吃垃圾食品的坏习惯。

（三）调整膳食结构

青少年足球运动员机体所需的营养是通过饮食而获得的，只有饮食科学、合理，才能保证营养摄入的全面与均衡性，才能保持能量的供需平衡，为顺利参与训练和促进机体恢复提供基础保障。因此，对膳食结构的安排与调整非常重要，每日的膳食不仅要保证能量总量的供需平衡，还要保证每餐食物的能量比例适宜。对膳食结构的安排要遵循的基本原则是"早餐吃好，中餐吃饱，晚餐吃少"。不管是青少年足球运动员，还是非运动员的普通青少年，抑或是成年人，一般情况下都要贯彻这个原则来安排膳食。

每日三餐的食物种类和补充的营养素应有所侧重，早餐要多补充优质蛋白和维生素，食物有鸡蛋、牛奶、水果、蔬菜等。午餐的食物种类多一些，如豆制品、奶制品、蔬果、谷物、水产等。晚餐以谷类食物、蔬果为主，易消化，而碳水类食物不易消化，所以摄入量宜少一些。对青少年足球运动员来说，适当摄入粗粮、鱼类、精肉、动物内脏等食物，能够补充微量元素，提升矿物质和维生素在体内的利用率，预防贫血。此外，运动员每天都要补充适量的水分，并根据训练量来调整补液量。

（四）制订合理的营养膳食方案

不同运动项目的能量消耗特点、对运动员的体能要求都有或多或少的差异，因此运动专项的营养特点也不同，这就决定了不同项目的运动队伍都应该有符合专项要求的膳食制度，专业运动队应该有专门人员对运动员的饮食进行严密控制，为运动员合理搭配食物，包括对饮食时间、饮食量也都要有合理的规划，从而通过合理膳食与全面营养而提升运动员的体能水平，最终促进其运动成绩的提升。

虽然青少年足球运动员不必像专业足球运动员那样严格按照要求来摄入食物，但青少年足球人才培养单位也有必要对青少年球员的特殊性，包括年龄特点、运动项目特点等予以考虑，从而在此基础上对科学合理的膳食制度标准进行制订，按照制度要求来安排运动员的饮食，并定期对青少年球员的健康水平、运动能力等进行检测，从而了解膳食制度实施后取得的效果，根据实际反馈对膳食方案进行调整与完善，使青少年球员通过科学合理的膳食营养提升体能、智能，提升学习水平和运动能力。

如果学校经济条件较好，可以配备专门的营养师来负责安排青少年足球队的一日三餐；如果条件较差，学校可以向上级体育部门申请配备营养师，或由营养师为本校足球队制订食谱，以保证足球队膳食营养补充的科学性、合理性及有效性。

第三节　加强运动训练保健

一、青少年足球人才训练中运动损伤概况

足球运动损伤是指足球运动员在运动过程中所发生的对身体的各种伤

害。运动损伤不仅使运动员不能参加正常的训练和比赛，影响运动水平的提高，缩短运动寿命，而且严重时还可使人残废甚至死亡，给运动员带来生命威胁。

（一）足球运动损伤的特点

足球运动损伤与足球运动本身的专项特点有关，足球运动的特点决定了足球运动损伤的特点及发生规律与其他运动项目是有区别的。除了足球项目本身的特点外，足球运动的技术力学原理、生理解剖学原理等也直接影响足球运动损伤的特点。下面简单分析足球运动损伤的基本特点。

第一，足球运动是在非常宽阔的场地上进行的，一场足球比赛的时间多达90分钟，在这一个多小时的比赛中，双方运动员展开猛烈的争夺与对抗，身体接触频繁，冲撞随处可见，这就很容易造成运动损伤，这是足球运动中损伤发生率较高的一个重要原因。足球运动员的损伤中很大一部分损伤是因为外力作用造成的。

第二，足球运动中有大量复杂的技术动作，其中脚上动作最为多见，脚上动作的本体感受本身就不像手上动作那样强烈，所以要准确完成各种传接球、踢球等脚上动作是存在一定难度的，有时运动员必须通过改变体位来完成动作，这就容易造成下肢受伤。足球运动损伤中下肢损伤占有很大的比例。

第三，青少年足球运动员要经过长期的系统训练才能熟练掌握和运用技战术，在长期的训练中不乏大强度训练，身体受到较大负荷的刺激，从而容易引起疲劳，而疲劳是造成运动损伤的重要原因之一。

（二）足球运动员常见损伤部位

体育运动中有很多项目的损伤发生率都非常高，足球运动就是其中之一。常见运动损伤主要是擦伤、拉伤、撕裂伤、关节脱位、骨折等外伤。急性创伤在足球运动中最为常见，这一损伤发生率高的原因主要与足球运动本身包含大量急停急转等动作有关，此外，场地光滑、场地不平坦等外在因素也是主要原因之一，运动员自身因素也常常造成急性损伤发生，如冲撞、跳起抢球后落地姿势有误、跌倒等。

从受伤程度来看，急性创伤中有轻伤，也有重伤，擦伤是最轻的一种，关节脱位、骨折是程度较重的损伤。有关研究数据显示，足球运动员的各类损伤从受伤程度来看，轻伤、中等伤以及重伤的比例分别为45.2%、19.0%、3.2%，可见轻伤最多，重伤较少。

足球运动员在训练或比赛中发生的损伤，四肢损伤的比例高达80%以上。四肢擦伤、挫伤、关节扭伤都很普遍，关节扭伤中最常见的是踝关节扭伤。大腿前后肌肉拉伤、挫伤的发生率也较高，膝关节损伤的发生率也不低。膝关节损伤中多为轻伤，重伤如髌骨骨折、韧带撕裂、半月板撕裂等虽然不是常常发生，但治疗难度很大，一旦发生，就会给运动员带来严重的伤害，甚至影响其运动生涯和正常生活。

足球运动中常见损伤及发生部位的情况见表8-2。

表8-2 足球运动常见损伤及发生部位[①]

部位	受伤种类						合计	比例（%）
	挫伤	扭伤	拉伤	擦裂伤	劳损	其他		
髋髂臀	10	1	33	15	2		28	7.8
大腿	24		1		3		60	16.9
膝关节	18	8	6	8	14	6	55	15.4
小腿	21			1	4		32	8.9
踝关节	25	41		2	2	1	61	17.2
足部	24	5		5	1	1	36	10.1
肩部	8	1					9	2.5
肘部	7	1	1	8			17	4.8

① 孔祥宁.足球训练指导[M].郑州：河南文艺出版社，2007.

部位	受伤种类							
	挫伤	扭伤	拉伤	擦裂伤	劳损	其他	合计	比例（%）
腕部	3	9	1	1			13	3.6
头颈部	12	1		4			18	5.0
胸部	11						11	3.1
腹部	3						3	0.8
腰部	3	8		1			12	3.3
阴囊	2						2	0.6
小计	161	75	42	45	26	8	357	100.0
比例（%）	45.2	21.1	11.8	12.3	7.3	2.3	100.0	

（三）发生运动损伤的原因

足球运动中发生损伤的常见原因有以下几种。

1. 对抗激烈致伤

激烈的足球对抗中，运动员必须不断疾跑、争夺球，也要做大量的铲球动作，这就增加了下肢肌肉拉伤与断裂的风险。为完成一些踢球动作，运动员的体位发生变化，突然扭转小腿、关节外展或内收等，这些都可能损害膝部与髋部的骨骼、韧带与关节。

2. 球击伤

足球运动中有些损伤是因为不小心被球击到而造成的，如面部挫伤、擦伤；守门员手指关节脱位或其他手指损伤（最为典型）；腹部挫伤；睾丸挫伤；等等。

3. 球的间接作用致伤

足球运动中下肢部位的损伤有一部分是因为球的间接作用而导致的。例如，足球运动员常常发生踝关节损伤，具体表现为距腓前韧带受伤，这种损伤多与运动员用脚外侧踢球，从而受到球的间接作用的刺激有关。

足球运动膝关节损伤中比较常见的是前十字韧带损伤、半月板损伤和外侧副韧带损伤，这些损伤的发生有时是因为膝关节屈曲时，小腿突然因球的作用而外旋、外展造成的。

有时股四头肌因球的外力作用迅猛收缩，从而造成撕裂伤。可见，因球的外力作用所致的损伤多发生在下肢。

4. 摔倒

足球运动员疾跑、争夺球或与对手发生猛烈冲撞时，如果身体重心不稳则很容易摔倒，倘若运动场地不平坦或有灰渣、土屑等，就很容易发生擦伤。一般情况下擦伤的损伤程度较轻，但有时也会因为摔倒而造成严重的损伤，如脑震荡、脑溢血、骨折、滑囊炎等。

现代足球运动场地条件在不断完善，人工草皮场作为足球运动场地出现在很多城市，这是现代科技发展及科技因素在体育领域运用的成果。但即使足球运动场地条件有所改善，也要防止出现新的伤害，如皮肤感染、热烧伤等。

5. 踢伤

足球对抗中，冲撞在所难免，但如果冲撞猛烈，腿部或其他身体部位被踢到，那么就可能造成损伤，如皮下血肿、挫伤、撕裂伤，严重时还会伤及骨骼，如创伤性骨膜炎、胫骨骨折等。

6. 其他慢性伤

足球运动员的慢性损伤常常因劳损所致，如髌骨劳损（以脂肪垫脱出和嵌骨软骨为主要表现），"足球踝"（踝关节创伤性骨关节病）等。局部劳损、踝部骨质增生等是造成足球踝的主要原因。

表8-3 足球运动损伤常见原因统计[①]

损伤原因	例次	比例（ %）
犯规动作	92	25.7
动作粗野	18	5.1

① 孔祥宁.足球训练指导[M].郑州：河南文艺出版社，2007.

续表

损伤原因	例次	比例（ %）
合理冲撞	36	10.1
技术不正确	38	10.6
自己不注意	25	7.1
准备活动不够	20	5.3
身体力量不足	14	3.9
大运动量后疲劳	15	4.3
急性慢性劳损	30	8.4
旧伤复发	6	1.7
场地问题	12	3.4
服装问题	4	1.1
雨天与天气问题	5	1.5
不可避免的意外伤	42	11.8

　　足球运动员在训练中发生运动损伤，除了上述常见原因外，还有其他一些原因，如保护不当、场地设施不标准、安全意识单薄等。青少年足球运动员往往缺乏强烈的自我保护意识，不管在训练中还是在比赛中，都不太注重对损伤与疾病的预防，从而容易造成运动伤病。青少年自身缺乏安全意识，教练员也忽视了必要的安全防护和安全管理，导致青少年足球运动员在训练中发生损伤的几率不断提升。此外，有些青少年足球队过早对青少年进行专项训练，不断强调大强度训练的重要性，再加上训练条件不完善，所以给慢性损伤的发生埋下了隐患。

（四）运动损伤的预防

　　青少年足球训练中预防运动损伤的方法如下。

　　（1）加强体育道德教育，教育球员不要故意对他人造成伤害或有意犯规。

（2）加强技战术训练，使青少年球员将各项技战术正确且熟练地掌握好，并能准确运用于实战中。训练中对运动负荷进行合理安排，预防疲劳过度，否则容易造成损伤。

（3）加强体能训练，要特别重视训练足球运动中最容易发生损伤的部位，促进青少年球员身体素质的全面与协调发展，使其易受伤部位的肌肉力量和关节灵活性得到增强，从而有效预防运动损伤。此外，将自我保护训练融入日常体能训练中，提升运动员的自我保护能力。

（4）在训练中青少年球员的着装、穿戴要符合规定，要佩戴好保护装备，同时注意检查场地设施的安全性，及时发现安全隐患，做好处理工作。总之，要做好思想与行动上的全面防范。

（5）严格执裁，按规定处理故意伤害他人或有意犯规的球员，使其为自己的不当行为付出代价，吸取教训，养成文明踢球的好习惯。

二、青少年足球人才训练中常见损伤的处理

（一）挫伤

挫伤是肌体某部位受钝性外力作用，引起该处及其深部组织的闭合性损伤。足球运动员相互碰撞、踢、顶等都易发生挫伤。挫伤症状有疼痛、肿胀、皮下出血和功能障碍等。

发生挫伤后应立即进行局部冷敷、外敷新伤药等，适当加压包扎，并抬高患肢，以减少出血和肿胀。股四头肌和小腿后群肌肉的严重挫伤多伴有部分肌纤维的损伤或断裂，组织内出血形成血肿，应将肢体包扎固定后，立即送医院诊治。

（二）擦伤

擦伤是肌体表面与粗糙的物体相互摩擦而引起的皮肤表层的损害，主要

征象为表皮剥脱，有小出血点和组织液渗出。

一般较轻、较小的擦伤，可以用生理盐水或其他药水冲洗伤部，涂抹红药水或紫药水，不需包扎，一周左右就可痊愈。面部擦伤宜涂抹0.1%新洁尔溶液。

较大的擦伤伤口需用碘酒或酒精在伤口周围消毒，消毒后撒上云南白药或纯三七粉，盖上凡士林纱布，适当包扎。两周左右即可痊愈。

（三）撕裂伤

撕裂伤是指受物体打击而引起的皮肤和皮上组织出现裂口，有不同程度的出血和污染，如争头球时头部相互碰撞发生的眉际撕裂伤等。

处理撕裂伤时，轻者可先用碘酒或酒精消毒，然后用云南白药或其他药物和方法止血，再用消毒纱布覆盖，并适当加压包扎。

伤口较大、较深时，应及时送医院进行清创缝合手术，并口服或注射抗菌素药物预防感染，按常规注射破伤风抗霉素。

（四）关节脱位

关节面失去正常的联系称为关节脱位。关节脱位时，一般伴有关节囊撕裂、关节周围的软组织损伤或破裂。足球运动中肩锁关节、肩关节及肘关节的脱位较为常见。尽早复位是治疗关节脱位的第一原则，如对于常见的肩关节脱位，可采用Hippocrates复位法进行复位治疗（图8-1）。患者仰卧，腋窝处垫棉垫，术者站在患者侧床旁，靠近患肩的足跟蹬在患者腋下靠胸壁处，双手牵引患肢腕部，以足跟顶住腋部进行对抗牵引，持续均匀用力，一段时间后肩部肌肉逐渐放松，此时上肢内收、内旋，肱骨头可经前方关节囊的破口滑入肩关节盂内，此时常可感到肱骨头复位的滑动感和复位的响声。复位后肩部外形饱满。

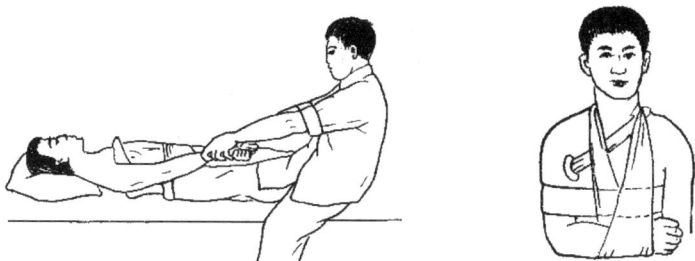

图8-1　Hippocrates复位法[1]

（五）骨折

骨折是骨的完整性遭到破坏的较为严重的运动损伤。足球运动训练中发生严重的骨折损伤后，按如下原则与方法进行急救处理。

（1）如有休克和大出血等并发症时，首先抢救休克和止血，给予止痛药物，平卧保暖，针刺人中等，采取简要的止休克措施。止血多采用压迫法（图8-2）。

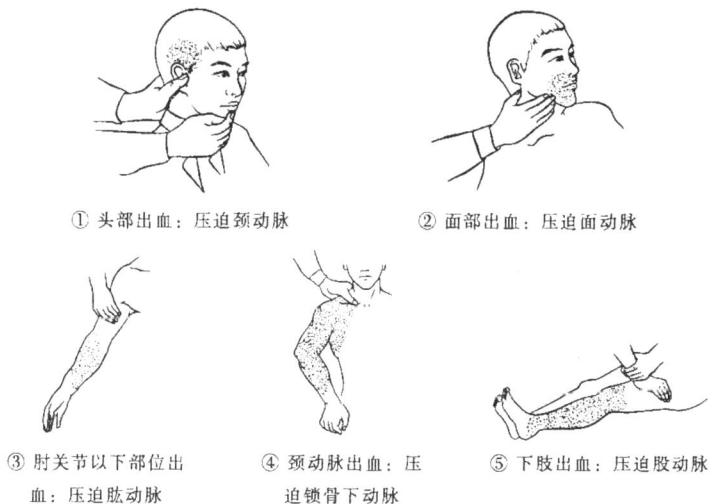

① 头部出血：压迫颈动脉　　　② 面部出血：压迫面动脉

③ 肘关节以下部位出血：压迫肱动脉　　④ 颈动脉出血：压迫锁骨下动脉　　⑤ 下肢出血：压迫股动脉

图8-2　不同部位出血时的压迫止血操作[2]

---

① 孔祥宁.足球训练指导[M].郑州：河南文艺出版社，2007.

② 荣湘江等.体育康复 运动处方 医务监督[M].桂林：广西师范大学出版社，2000.

（2）骨折固定前尽量不要移动伤肢，以免加重伤情，应尽快固定伤肢，限制骨折断端的活动。大腿、小腿和脊柱骨折应就地固定。

（3）对有伤口或开放性骨折的伤员，首先要止血，用消毒巾或纱布包扎后，尽早送医院治疗。

（4）使用合适的固定用具，长度超过骨折部的上、下两个关节，夹板与皮肤之间要有垫衬物固定，先固定骨折部的上面和下面，再固定上下两个关节。

（5）伤肢固定后要注意保暖，检查固定是否牢靠。四肢固定时要观察肢端是否麻木、疼痛、发冷、苍白或青紫，从而判断是否包扎过紧。

需要注意的是，骨折急救处理中要特别重视骨折部位的临时固定，不同部位的固定方法不同，如前臂骨折、小腿骨折的临时固定方法如图8-3、图8-4所示。

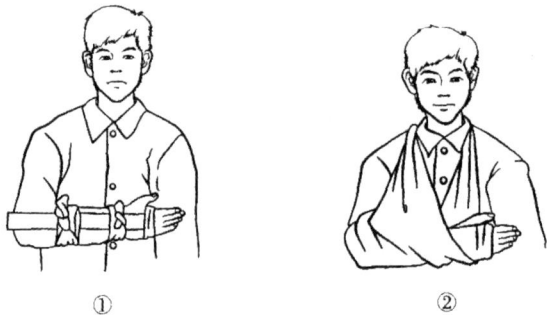

①　　　　　　　　　　②

图8-3　前臂骨折的临时固定[1]

---

[1] 顾丽燕.运动医务监督[M].北京：北京体育大学出版社，2009.

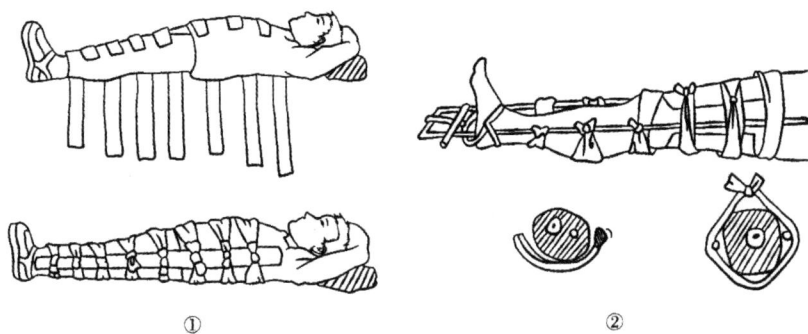

①　　　　　　　　　②

图8-4　小腿骨折的临时固定[1]

————————

[1] 顾丽燕.运动医务监督[M].北京：北京体育大学出版社，2009.

参考文献

[1]王民享.现代欧美足球训练理念与方法[M].北京：北京体育大学出版社，2006.

[2]王步标，华明.运动生理学[M].北京：高等教育出版社，2011.

[3]孙少强，孙延林.运动心理学[M].天津：南开大学出版社，2006.

[4]毛志雄，迟立忠.运动心理学[M].北京：人民大学出版社，2015.

[5]王崇喜.球类运动——足球[M].北京：高等教育出版社，2001.

[6]全国体育院校教材委员会.现代足球[M].北京：人民体育出版社，2000.

[7]罗华平.现代体能理论阐析与科学化训练研究[M].北京：中国书籍出版社，2015.

[8]陈洁，宋文利.体育教育学[M].北京：北京师范大学出版社，2012.

[9]邵伟德，李启迪.近现代国外著名教育家教育观研究[M].北京：北京体育大学出版社，2014.

[10]唐炎，朱维娜.体育人才学[M].重庆：西南师范大学出版社，2006.

[11]王向宏.体能训练理论与方法（第二版）[M].北京：北京航空航天大学出版社，2014.

[12]陈亚中.青少年足球科学训练探索[M].北京：北京体育大学出版社，2007.

[13]胡亦海.竞技运动训练理论与方法[M].北京：人民体育出版社，2014.

[14]张忠秋.优秀运动员心理训练实用指南[M].北京：人民体育出版社，2007.

[15]王健等.健康教育[M].北京：高等教育出版社，2004.

[16]齐红梅.现代足球运动的文化解析与多元化发展研究[M].长春：吉林大学出版社，2020.

[17]康利则，马海涛.体能训练理论与方法[M].西安：陕西人民出版社，2010.

[18]郭岩，余峰，左昌斌.实用体能训练指南[M].北京：中国书籍出版社，2018.

[19]龙春生.体能训练法[M].沈阳：辽宁大学出版社，2009.

[20]田野.运动生理学高级教程[M].北京：高等教育出版社，2003.

[21]陈亚中.青少年足球科学训练探索[M].北京：北京体育大学出版社，2007.

[22]刘大川.青少年心理健康[M].北京：人民军医出版社，2010.

[23]李明达.培养与储备：聚焦我国三大球竞技后备人才[M].成都：四川人民出版社，2011.

[24]夏青，刘润松，李吴琼.我国青少年五人制足球竞赛与训练体系理论及其构建研究[M].北京：北京体育大学出版社，2018.

[25]金钢铁.青少年校园足球发展战略研究[M].北京：北京体育大学出版社，2018.

[26]于久洋.我国职业足球俱乐部青训模式研究[D].吉林大学，2019.

[27]赵升.我国城市群众足球运动发展研究[D].北京体育大学，2009.

[28]赵升，张廷安.我国城市群众足球运动发展历程回顾及策略分析[J].中国体育科技，2011，47（05）：31-39.

[29]李纪霞.全国青少年校园足球活动发展战略研究[D].上海体育学院，2012.

[30]王志华，向勇.我国校园足球可持续发展的现实困境与路径选择[J].体育文化导刊，2019（02）：101-105.

[31]喻和文，刘东锋，谢松林.职业足球俱乐部青训与校园足球合作探析[J].体育文化导刊，2019（02）：22-27+14.

[32]孙希凯.多元智能理论对哈尔滨体育学院足球普修课的启示[D].哈尔滨体育学院，2015.

[33]王朝金.探讨运动训练中的心理训练[J].体育世界（学术版），2014（09）：45-46.

[34]余翔.法国足球理念与训练方法研究[J].吉林体育学院学报，2019，35

（05）：29–37.

[35]李虎.校园足球教学与训练方法——基于国外足球Small–Sided Games的解读[J].广州体育学院学报，2020，40（02）：124–128.

[36]宋澎，麻田雷.对我国优秀少年足球运动员基本技术、身体素质、训练水平的综合评价[J].北京体育学院学报，1993（02）：81–84.

[37]陈明学.浅析分层评价在普通中专足球教学训练中的应用[J].广东职业技术教育与研究，2014（01）：113–115.

[38]王勇川.柯柯维奇与我国青少年足球训练理念、方法的比较[J].北京体育大学学报，2003（05）：705–707.